Karl Ludwig Michelet

Hegel, der unwiderlegte Weltphilosoph

Eine Jubelschrift

Karl Ludwig Michelet

Hegel, der unwiderlegte Weltphilosoph
Eine Jubelschrift

ISBN/EAN: 9783743351448

Hergestellt in Europa, USA, Kanada, Australien, Japan

Cover: Foto ©Thomas Meinert / pixelio.de

Manufactured and distributed by brebook publishing software (www.brebook.com)

Karl Ludwig Michelet

Hegel, der unwiderlegte Weltphilosoph

HEGEL

DER

UNWIDERLEGTE WELTPHILOSOPH

EINE JUBELSCHRIFT

C. L. MICHELET

LEIPZIG
VERLAG VON DUNCKER & HUMBLOT
1870.

VORWORT.

Sollte der vorstehende Titel dieser Gelegenheitsschrift anmaassend erscheinen, so wäre einfach zu erwidern, dass er nur die reine schlichte Wahrheit, keine Phrase ist. Der Beweis davon liegt in der Thatsache, dass seit vierzig Jahren, wie viele eintägigen Pygmäen sich auch daran gemacht haben, den hundertjährigen Riesen zu erklettern und zu überragen, sie alle jämmerlich an dem chernen Panzer seiner Gedanken abgeprallt, und zerschellt von der Höhe seiner Schultern heruntergefallen sind.

Ein Gedanke, der die Welt beherrschen und den Hegel'schen, welterkennenden und weltbewegenden, verdrängen möchte, kann nicht unter dem Scheffel bleiben. Wo verkriecht sich das System, das ihn widerlegt haben will? Sprecht Ihr von Widerlegung, so ist das eine Phrase, wie sie dem deutschen Manne nimmer ansteht, keine That. Hättet Ihr in der That die Festung unserer Philosophie erstürmt, so würde ich nicht die jetzt beliebte Pariser Phrase Euch entgegen schleudern, dass ich mich unter den Trümmern meiner Hauptstadt begraben lassen würde, bevor ich sie übergäbe; sondern ich würde willig Friede schliessen und Eurer Fahne folgen. Bis dahin erlaubt mir aber, kräftige Ausfälle aus der uneernirten Festung, wie dieser einer ist, zu machen, und an der Wirksamkeit Eurer Belagerungskunst zu zweifeln.

Hegel hat die Philosophie zur sich selbst beweisenden Wissenschaft erhoben, in welcher, wie in der Mathematik von Anfang an, kein Streit um Principien mehr Platz greifen kann.

Dieser Punkt müsste angegriffen, diese Idee bekämpft werden. Und da dies unmöglich ist, weil, wie die alten Römer alle Götter der zu erobernden Städte, so Hegel die Principien seiner Gegner, d. h. aller einseitigen Philosophien, in sein Heerlager gerufen und ihnen die Stätte bereitet hat: so haben wir nunmehr nicht Eine Philosophie, zu der wieder eine neue hinzukommen kann, sondern die Philosophie gefunden. Was nicht hindert, dass in der Ausführung dieser Principien, ihrer Anwendung auf den breitern Stoff der Erfahrung, ihrer Durchbildung in allen einzelnen Wissenschaften, nicht Hegel und seine nächsten Nachfolger auch öfters Streit haben können und in der Zukunft der Geschichte nicht immer reichere Ergebnisse und Weiterführungen hervortreten werden.

Berlin, den 16. October 1870.

Michelet.

Hegels Bedeutung für die Philosophie, den Staat und die Religion.

Indem ich hier die Bedeutung Hegels für Philosophie, Staat und Religion darzulegen unternehme, begegnet mir sogleich der Einwurf, wie ich, der ich für einen der eifrigsten Freunde und Anhänger Hegels gelte, ein unparteiisches Urtheil über ihn zu fällen im Stande sei. Darauf erkläre ich denn, ehe ich in die Sache eingehe, dass, wenn ich Hegelianer bin, ich nicht minder Eleate, Heraklitäer, Platoniker, Aristoteliker, Cartesianer, Spinozist, Leibnitzianer, Kantianer, Fichtianer und Schellingianer, — und wie die Aner alle heissen mögen, bin. Denn, um es mit einem Worte zu sagen, Hegel hat eben mit den Anhängern Eines Systems gründlich aufgeräumt, uns von der philosophischen Sektenbildung befreit, und, wie er selbst sagt, an seinem Theile daran mitgearbeitet, dass die Philosophie ihren Namen: Liebe zum Wissen, den ihr Pythagoras gegeben haben soll, ablegen könne, um wirkliches Wissen zu sein. Hiermit sind wir aber sogleich zum ersten Punkte unserer Betrachtung gelangt.

I. Hegels Bedeutung für die Philosophie.

Die Bedeutung Hegels für die Philosophie erhellt am klarsten aus seinen Vorlesungen über die Geschichte der Philosophie; denn hier stellt er selber die Art und Weise dar, wie er das Verhältniss der Philosophie zu ihrer Geschichte fasst. Die Geschichte der Philosophie ist ihm nicht eine Gallerie der Verirrungen oder Narrheiten des menschlichen Geistes, der sich dritthalb Jahrtausende mit der Findung der Wahrheit abgequält habe, um am Ende, wie der Goethische Faust, zu der Einsicht zu kommen, dass wir nichts wissen können. Die Philosophie ist kein Fass der Danaiden, aus welchem das Wasser des Lebens unten immer wieder abfliesst. Sie ist keine Sehnsucht des Tantalus, der vergebens nach der immer zurückschnellenden Frucht der Erkenntniss greift. Die Wissenschaft ist ein majestätischer Dombau, dessen innerstes Heiligthum die Philosophie einnimmt, wie die von Cherubim bewachte Lade des Herrn im Tempel Salomonis. Wie jedes Volk in der Weltgeschichte seine Mission vom Weltgeist erhalten hat, die es siegreich durchführt, z. B. der Römische Staat die Ausbildung des Privatrechts, der Preussische die Einigung Deutschlands (und wir sehen, welche grosse Schritte wir seit 1866 dahin machen): so ist auch jedem System der Philosophie seine Aufgabe im Reiche des Wissens zugetheilt. Jedes fördert eine Seite der Wahrheit zu Tage. Und von Zeit zu Zeit kommt ein grosser Genius, der diese vereinzelt gepflückten Blumen zu einem vollen Strausse zusammenwindet. So Plato und Proklus im Alterthum, Leibnitz und Hegel in der neuern Zeit.

Wenn nun jedes einseitige System darum untergeht, weil es eben nur Eine Seite der Wahrheit darstellt, also von seinem Nachfolger widerlegt wird, wie Hegel selber aus der Schrift anführt «die Füsse derer, die dich hinaustragen werden, stehen schon vor der Thür»: so ist es auch nicht widerlegt, weil es eine bleibende Seite der Wahrheit bildet. Und besteht dann das System eines Philosophen gerade darin, die einzelnen Blumen in den allgemeinen Kranz der Wahrheit einzuflechten, wie kann es da widerlegt werden? Wo sind die Füsse derer, die Diesen hinaustragen werden? Merkwürdigerweise sind auch die meisten Philosophen schon bei ihren Lebzeiten widerlegt worden. Wer hat aber Hegel 40 Jahre nach seinem Tode hinausgetragen? Es melden sich zwar viele: Herbart, Krause, Schopenhauer, um nur die bekanntesten hervorzuheben. Aber noch ist kein Genius erstanden, der über ihn hinausgegangen wäre. Und nur ein Genius könnte einen Genius widerlegen. Hegel ist aber unangreifbar, weil er kein einseitiges System der Philosophie aufgestellt, sondern die Wahrheit eben nur in der Totalität der einzelnen Seiten erblickt hat. Käme also Einer nach ihm, noch eine

Blume dem reichen Strausse anzureihen, er hätte Hegel nicht widerlegt, sondern unterstützt, und freudig würden wir ihn als den Unsrigen begrüssen.

Diese hier entwickelte Ansicht über die Geschichte der Philosophie ist übrigens nicht von Hegel allein aufgestellt, sondern im Keime schon bei Aristoteles und Leibnitz vorhanden, mit klarem Bewusstsein dann von Schelling ausgesprochen, aber erst durch Hegel in seiner Darstellung der ganzen Geschichte der Philosophie bewiesen worden. Aristoteles sagte, es sei schwer für Einen die Wahrheit zu finden, leicht für Alle, sie nicht zu verfehlen. Selbst diejenigen, welche irrten, brächten uns auf die richtige Bahn, indem wir lernten, diese Irrthümer zu vermeiden. Leibnitz stellte dann den Satz auf, er habe gefunden, dass die meisten Philosophen nur in dem irrten, was sie leugneten, nicht in dem, was sie behaupteten, d. h. die Eine Seite der Wahrheit, die sie bejahten, war richtig, — nur hätten sie die andere nicht verkennen sollen. Endlich bemerkt Schelling, die Wahrheit sei nur Eine vom Ersten an, der sie aufgestellt; aber sie erscheine in mannigfaltigen Formen, die unvollkommener oder vollkommener seien. Die Wahrheit werfe sich in allen Formen herum, bis sie die absolute Form gefunden; das sei das Gesetz jeder Entwickelung. Was diese absolute Form oder Methode sei, hat Schelling aber nie mit Sicherheit anzugeben vermocht, und sein ganzes Leben hindurch nach dieser absoluten Form gesucht, ohne sie zu finden. Bald ergriff er die mathematische Methode, bald die construirende, bald den Dialog, bald warf er jede Fessel ab; bei keiner Methode hat er sich beruhigt, keine genügte ihm.

Diese absolute Methode hat nun Hegel aufgestellt. Das ist sein bleibendes Verdienst in der Geschichte der Philosophie; und dadurch ist er unwiderleglich. Er sagt, er wisse, dass diese Methode die wahre sei, einfach aus dem Grunde, weil sie nichts Willkürliches, nichts von Aussen an ihren Gegenstand Gebrachtes, sondern nur die Selbstbewegung der Sache selbst ist. Die Methode ist der Rhythmus des sich selbst erzeugenden Inhalts, der Pulsschlag des Lebens der Welt. Hegel nannte diese Methode die dialektische; und Schelling, der immer aufgriff, was Andere vor ihm entdeckten, sprach daher in seiner letzten Zeit von einer Weltdialektik. Das Rollen der Gestirne in ihren Bahnen, die chemische Verwandlung der Stoffe, den Umlauf des Blutes im thierischen Organismus können wir als Beispiele dieser Weltdialektik in der Natur, die

Entwickelung der Weltgeschichte als ein solches im Geiste ansehen.

Es ist daher durchaus falsch, wie es Trendelenburg gethan hat, die genetische Methode der dialektischen entgegenzusetzen. Die genetische Methode ist die Entwickelung der Thatsachen aus den Thatsachen, die dialektische die der Gedanken aus den Gedanken. Wenn wir aber mit den Worten des Johannes sagen: „Am Anfang war das Wort, und das Wort war bei Gott und das Wort war Gott, und durch das Wort sind alle Dinge geworden," so kommt es nur darauf an, den richtigen Sinn dieses Spruches aufzufinden, um uns von der Coincidenz der dialektischen und der genetischen Methode zu überzeugen. Schon Goethe sagt im Faust:

> Ich kann das Wort so hoch nicht schätzen;
> Ich muss es anders übersetzen,
> Wenn ich vom Geist erleuchtet bin.

Nachdem er auch verworfen, dass der λόγος als Kraft wiederzugeben sei, ruft er zuletzt aus:

> Ich schreibe getrost: Am Anfang war die That.

Das läuft ungefähr auf die Erklärung Philo's, die er von der Stelle des alten Testaments giebt: „Gott sprach es werde Licht, und es ward Licht" hinaus. Gottes Rede, sagt Philo nämlich, ist seine That. Die Gedanken, als die Quelle der Thatsachen, erkennen diese als ihnen entsprechend. Wenn die dialektische Methode die Wahrheit als die Gedankenentwickelung aus sich selbst erzeugt, so findet sie sich in der genetischen Methode, welche die Selbstbewegung der Thatsachen aus sich selber ist, wieder. Es ist Vernunft in der Welt, es geht vernünftig in ihr zu. Was Wunder, dass die Vernunft sich in der Welt wiedererkennt, wie Adam in Eva, die aus seinem Fleische genommen. Die Vernunft ist nicht ohnmächtig; sie hat die Kraft, sich in der Welt geltend zu machen. Und schon Spinoza sagte daher: „Die Reihe und der Zusammenhang der Ideen sind dieselben, als die Reihe und der Zusammenhang der Sachen"; nur unwesentliche Abweichungen können zwischen beiden Gliedern des Universums stattfinden, insofern die Thatsachen in Raum und Zeit sich auszulegen haben, und zufällige Umstände dieselben retardiren oder beschleunigen können, während die Gedanken mit ewiger Nothwendigkeit aus einander fliessen. Diese Identität des Subjectiven und des Objectiven, als den obersten Grundsatz der Philosophie, hat nun Hegel durch seine Methode bewiesen, und zwar auf folgende Weise.

Es ist die ursprüngliche Natur des Gedankens, dass jeder Satz auf seinen Gegensatz hinweist, ja ihn fordert und erzeugt. *Les extrêmes se touchent*, sagt das französische Sprichwort, und in der Politik z. B. ist es bekannt, dass aus der Anarchie der Despotismus entspringt. Auf dem Gebiete der Logik ist das Sein dem Nichts entgegengesetzt, und wir werden uns nicht überzeugen lassen, dass sie nicht schlechthin entgegengesetzt sind. Ebenso sind sie aber auch dasselbe. Denn Sein ist nur die Negation jedes bestimmten Seins; es ist nur das allgemeine Sein ohne weiteren Inhalt. Gerade das ist das Nichts aber auch. Man muss von allem einzelnen Sein abstrahiren, um das Nichts zu gewinnen; es bleibt nur der allgemeine Gedanke übrig, der nichts Bestimmtes denkt. Das ist aber wiederum das Sein auch. Als Gedanke ist das Nichts gleichfalls, und das Sein hat ebenso nur als Gedanke Sein; denn in Wirklichkeit giebt es nur bestimmtes Sein. Wir sind also beim Widerspruch angekommen, Sein und Nichts als dasselbe und zugleich als nicht dasselbe zu denken. Hegel bleibt aber nicht beim Widerspruch stehen, wie man ihm vorgeworfen, sondern geht zu seiner Auflösung über.

Halten wir nun jeden Gedanken für sich in seiner Einseitigkeit fest, so nennen wir dies Denken das verständige, welches, als Dogmatismus, auf der Disjunction des Entweder-Oder beruht. Zeigen wir aber, wie an jedem sein Gegentheil hervorbricht, in das er also untergeht, so haben wir die negativ-vernünftige oder dialektische Thätigkeit des Denkens, — das Weder-Noch des Skepticismus. Lösen wir endlich den Widerspruch auf, indem wir ein Drittes finden, worin z. B. Sein und Nichts ihre Gegensätze ineinander umschlagen lassen, so haben wir die positive Thätigkeit der Vernunft oder das speculative Denken, welches sich der Bindewörter Sowohl-Als auch bedient. Diese Einheit von Sein und Nichts ungeachtet ihres bestehenden und nach dem Verschwinden wieder hervorbrechenden Gegensatzes ist das Werden, als Entstehen, wo Nichts zu Sein, und Vergehen, wo Sein zu Nichts wird. Das Werden ist das Dritte, worin Sein und Nichts ihre Wahrheit finden, darin ebensowohl aufgehoben als aufbewahrt sind. Dieses Dritte ist aber wieder ein Erstes, worin neue Gegensätze enthalten sind, bis wir zu den höchsten Gegensätzen Subject-Object, und ihrer Einheit kommen.

Ein anderes Beispiel ist der Gegensatz des Endlichen und des Unendlichen. Das Unendliche ist die Negation des Endlichen. So ist es ein rein negativer Begriff, das blosse Hinausgehen des Endlichen über seine Grenze. Diese Negation eines Endlichen ist aber nur das Anlangen bei einem anderen Endlichen; denn wo das Eine aufhört, fängt das Andere an, — und so fort in's Unendliche. Das Unendliche ist nur der Fortschritt des Endlichen zu immer neuen Endlichkeiten, der nie endet. Das Unendliche, als die Reihe der Endlichkeiten in's Unendliche, ist selbst ganz inhaltslos, und findet nur am Endlichen seinen Inhalt. Diese Unendlichkeit nennt Spinoza die Unendlichkeit der Einbildungskraft, Hegel die schlechte Unendlichkeit oder, nach einem Aristotelischen Ausdruck, den Progress in's Unendliche, βάδισις εἰς ἄπειρον. Wenn so das Endliche sich durch dieses rastlose Streben zum Unendlichen erheben will, so negirt es sich zwar in's Unendliche selbst, giebt seinen jedesmaligen Inhalt auf, um einen anderen anzunehmen, ohne je das Unendliche zu erreichen. Das Unendliche ist aber, wie wir gleich Anfangs gesehen haben, diese selbe Negation des Endlichen; wir haben zwei absolute Negationen, die einander gegenüberstehen, wie vorhin Sein und Nichts. Das Endliche negirt stets sich selbst, um unendlich zu werden. Das Unendliche, indem es durch das Erzeugen einer neuen Endlichkeit sich selbst negirt, wird dadurch endlich. Beide Seiten sind unendlich und endlich zugleich: endlich weil sie einander begrenzen und ausschliessen, unendlich, weil jedes über seine Grenze hinausgeht. Diesen Widerspruch haben wir zu denken und damit aufzulösen. Indem nämlich das Unendliche die Reihe aller Endlichkeiten ist, so enthält es sie alle in sich, aber nicht nur als eine Summe; sondern weil jedes Endliche unaufhörlich zu andern Grenzen und anderem Inhalt übergeht, so enthält jedes die ganze Fülle des Inhalts, also die Unendlichkeit in sich. Jedes Endliche ist in seiner Grenze Darstellung des Unendlichen. Das Unendliche ist das Wesen, das in jedem Endlichen zur Erscheinung kommt: das Unendliche der Vernunft, wie Spinoza sagt.

Ebenso ist die Zeit nicht jenseits der Ewigkeit, noch diese jenseits der Zeit, weil sie dann einander begrenzen würden, und die Ewigkeit eben durch dies Auseinanderhalten selbst zur begrenzten Zeit herabfiele. Die Ewigkeit ist also die wahre Unendlichkeit, die nicht nur in jedem endlichen Inhalte, sondern auch in jedem vergänglichen Zeitmomente als das Ganze erscheint; sie ist das Unveränderliche im Veränderlichen.

Kommen wir, nach diesen Vorausschickungen, nun auf die eigentliche Bedeutung Hegels für die Philosophie, so hat er das hauptsächliche Verdienst, indem er sie durch Dialektik zum wirklichen Wissen erhob, sie zu einer sich selbst beweisenden Wissenschaft gemacht zu haben. Denn weil er in der Logik die Reihe der reinen Gedanken des Seins vom Sein selbst bis zum Subject-Object oder der Idee, kraft der dialektischen Methode, auseinander entwickelt, zeigt er in diesen reinen Gedanken, welche als diamantenes Netz die Welt umspannen, und das innerste Wesen derselben bilden, dass sie die Reihe der Definitionen des Absoluten sind. Indem jede dieser Definitionen dann das Grundprincip Eines historischen Systems der Philosophie ist, so entwickelt Hegel in seiner Geschichte der Philosophie, wie diese einseitigen Systeme, die bei den verschiedenen Völkern und in verschiedenen Zeiten genetisch auseinander entspringen, das wahre System der Philosophie ausmachen, wenn auch die einzelnen Systeme in etwas anderer Ordnung, als die logischen Kategorien, dialektisch, aus einander abgeleitet werden.

Diese Parallele zwischen Logik und Geschichte der Philosophie, zwischen genetischer und dialektischer Entwickelung der Wahrheit haben wir nun in der Kürze zu ziehen, wenn wir erstens die Bedeutung Hegels für die eigentliche Metaphysik recht in's Klare setzen wollen; worauf wir zweitens die Anwendung dieser Logik auf die Naturphilosophie, drittens auf die Geistesphilosophie zu betrachten haben werden.

A. Bedeutung Hegels für die Logik und Metaphysik.

1. Wenn wir die Jonier und die Pythagoreer, welche den Anfang in der Geschichte der Philosophie machen, weglassen, weil sie sich eben noch nicht zum reinen Gedanken erhoben haben, Wasser, Luft, Materie, Zahl als das absolute Princip setzten, so ist der Eleate Parmenides der Mensch, in welchen zuerst der Blitz des reinen Gedankens einschlug. Er sagte, das Sein sei das Absolute. Es sei nichts, als das Sein, auch der Gedanke sei das Sein, und das Nichts sei nicht, weil eben Alles Sein sei. So beginnen wir auch in der Logik mit dem Sein, als ihrer ersten Stufe, weil es der ärmste, noch ganz unmittelbare, also keines Beweises bedürftige

Gedanke ist. Und Jacobi fasst die Spinozistische Philosophie so auf, als habe sie Gott zum Sein in allem Dasein gemacht.

Auf das Sein folgt dann das **Nichts**, als der zweite Gedanke, der Gedanke des Gegensatzes, der Zerrissenheit, der daher unfähig ist, eine Kategorie und Definition des Absoluten zu sein. Oder wenn es zu einem solchen erhoben wird, so gehört diese Definition einem untergeordneten Principe der Philosophie an, wie dem Skepticismus oder dem Kriticismus, welche die Erkennbarkeit des Absoluten leugnen. Zeno, der Schüler des Parmenides, hat aber im wahrhaftern Sinne das Nichts zum Princip gemacht, und ist dadurch der Erfinder der Dialektik geworden, indem er sagte, dass, wenn man Parmenides lächerlich gemacht habe, weil derselbe das Sein als das Einzige behaupte, er zeigen wolle, dass es noch viel lächerlicher sei, das Viele anzunehmen, indem es sich stets in Widersprüche verwickele, und so sich selbst ins reine Sein auflöse. Dies weist er z. B. an der Bewegung nach, welche eben nur die Succession des Vielen ist; ihr Widerspruch bestehe aber darin, dass sie nur eine Aufeinanderfolge vieler Ruhepunkte sei, — denn der fliegende Pfeil stehe in jedem Punkte, den er durchläuft, still.

Wenn es aber einseitig ist, entweder das Sein oder das Nichts an die Spitze der Wahrheit zu stellen, wie Parmenides und Zeno thaten, so ist, wie wir bereits gesehen haben, die volle Wahrheit das Sowohl-Als-auch dieser Gegensätze, das **Werden**. Das Werden ist auf diesem Standpunkte das Absolute: der stete Fortschritt, die unaufhaltsame Entwickelung, die ewige Bewegung. In der Geschichte der Philosophie hat **Heraklit** zuerst diesen Grundsatz ausgesprochen. Er hat zuerst Gegensätze positiv verknüpft; er ist der erste speculative Philosoph. Bei ihm, sagt Hegel, kann man „Land" ausrufen. Nichts steht still, sagte er, Alles rückt; und so verglich er das Universum mit einem nach ewigen Gesetzen stets erlöschenden, stets sich wieder entzündenden Feuer, — mit einem stets sich fortwälzenden Strome, in dessen Wasser man nicht zweimal einschreiten könne. „Nicht einmal," riefen bald darauf seine Schüler, ihn verbessernd, aus, weil während des Einschreitens das Wasser schon dem Ocean zugeflossen ist.

Wenn Alles aber diesem unaufhörlichen Wandel unterworfen ist, so ist nichts Festes ausser dem Wandel, dem Strömen selbst. Dieser ewige Wandel ist selbst das Unwandelbare, das Eine Feste, was sich erhält im allgemeinen Entstehen und Vergehen. Diese Unwandelbarkeit des Einen hielt **Xenophanes** fest, und sagte, alle diese vorübergehenden Gestalten sind nicht das wahre Sein. Nur das unwandelbare Eine ist; dies Eine in Allem ist der Gedanke der Welt, der allein in ihr lebt und webt. So haben wir hier die All-Eins-Lehre, die erste Form, in welcher der Pantheismus, aber ein Pantheismus des Gedankens auftrat; und das ist eine sehr richtige Seite der Wahrheit, die ein bleibendes Moment im totalen Systeme ist. Göschel, ein sehr eifriges Mitglied der rechten Seite der Hegel'schen Schule, nannte es den Monismus des Gedankens.

Es ist aber wieder eine irrthümliche Auffassung des Xenophanes, das Eine als ruhend und als das allein Seiende auszusprechen. Es ist eben nur das Eine, weil es die Thätigkeit des Einigenden ist. Um zu einigen, um sich als das Unwandelbare zu erhalten, muss es das Wandelbare stets auflösen, und um es auflösen zu können, stets hervorbringen. Jedes aus dem Werden entsprungene Wandelbare hat auch die Bestimmung, wieder unterzugehen.

> Denn Alles, was entsteht,
> Ist werth, dass es zu Grunde geht.

Das Gewordene, welches wir einen Augenblick als dauernd festhalten, ist ein ruhiges Sein, dem aber der Wandel, die Negation, das Verderben schon im Nacken sitzt. Ein solches Sein nennen wir nun ein Dasein, eine Bestimmtheit; es ist Dieses und nicht Jenes, es ist Etwas. Das, was es nicht ist, ist auch; es ist ein Anderes. Eins negirt das Andere, eins ist die Grenze des Andern. Und diese Grenze macht sowohl das Sein des Etwas aus, als sein Nichtsein; es ist, was es ist, nur durch seine Negation. Als dieses bestimmte Sein, und nichts Anderes als dieses, ist es Qualität: als das Nichtsein an ihm habend, negative Qualität oder Beraubung nach Aristoteles. Daher haben die Pythagoreer ebenso Recht, als Quelle des Seins die Grenze (den ὅρος) zu bezeichnen, wie Spinoza, wenn er sagt: Die Bestimmtheit ist Negation (*determinatio est negatio*). Und Jacob Böhme verbindet beide Gedanken, indem die Qualität ihm sowohl die Quelle ist, aus welcher die Dinge qualliren, d. h. quellen, als die Qual, in welche sie eingeschlossen sind. Und wenn Egmont von der Heiterkeit des Daseins spricht, so besteht der Fluch des Daseins in diesem seinem Eingeschränktsein.

Haben wir das Wandelbare, in welchem das Eine sich unwandelbar erhält, bisher von der Seite seiner Endlichkeit betrachtet, so müssen wir jetzt seine andere Seite herauskehren, da ja das Eine nicht nur negativ, sondern auch positiv in ihm zur Darstellung kommt. Weil das Endliche, als begrenzt, da endet, wo ein Anderes anfängt, aber dieses Andere als seine negative Qualität zugleich an ihm selber hat: so ist es nicht nur ruhend in seiner Grenze gegen Anderes, sondern seine Beraubung, als der Trieb, dieses Nichtsein in Sein zu verwandeln, macht, dass Etwas selbst ein Anderes wird. Dieses Andere, als seiendes Nicht-Dasein, ist selbst wieder ein Etwas, und so fort in's Unendliche. Es ist dasselbige, sagt Zeno, etwas einmal oder immer sagen. So ist die Heiterkeit des Daseins zerbrochen; es hat zwei Seiten. Seiner Beschaffenheit nach ist es nur dieses Bestimmte. Da es aber auch die Negation und zwar eine Unendlichkeit von Negationen in sich schliesst, die allmälig eine nach der andern in's Dasein treten, so ist die Unendlichkeit seine Bestimmung. Durch seine Veränderung zeigt also das Endliche seine höhere Bestimmung, kann dieselbe aber nicht zur Realität bringen, weil es in seinem Dasein immer nur Eine Bestimmtheit zeigt. Die Unendlichkeit, als seine Bestimmung, ist also nur ein Sollen, während seine Endlichkeit nun allerdings nicht mehr als Grenze, sondern als Schranke erscheint, d. h. als eine Grenze, die aufgehoben werden soll. Kant und Fichte stehen mit ihrer Moral auf diesem Standpunkt des Sollens. Der Mensch ist immer in einer Schranke befangen, und das Aufheben jeder Schranke ist nur das Erzeugen einer neuen. Das Dasein wechselt also nur zwischen zwei Zuständen, die es nicht zu verbinden im Stande ist. Als Endliches geht es über seine Schranke hinaus, zum Unendlichen, hat damit aber nur ein anderes Endliches erreicht, ohne je zur wahren Unendlichkeit zu gelangen. Weil diese schlechte Unendlichkeit eine blos negative, nur die Negation des Endlichen ist, so haben die Pythagoreer Recht gehabt, das πέρας, die bestimmende Grenze, der unbestimmten Unendlichkeit (ἄπειρον) vorzuziehen.

Die Rettung aus diesem Strudel des unendlichen Progresses ist aber, die zwei Gedanken, die darin nur abwechseln, zusammenzubringen, wie alle Philosophie und Dialektik nur ein solches Zusammenbringen getrennter Gedanken ist, auch schon nach Plato. Weil jedes Endliche, indem es sich verändert, zu einer neuen Schranke übergeht, über diese wieder hinausgeht und so fort in's Unendliche, so verwandelt es seine negativen Qualitäten mit jedem Setzen einer Schranke in positive. Die Bestimmung bleibt also nicht etwas, das blos sein soll, ohne zu sein, sondern realisirt sich mit jeder Veränderung. Umgekehrt wird die Schranke, die ist und nicht sein soll, in der That aufgehoben. Die Aufhebung der Schranke, als der ersten Negation des Unendlichen, ist also eine Negation der Negation, das Unendliche daher, als das Unbeschränkte, die wahre Affirmation. Das Unendliche ist die eigene Bestimmung des Endlichen, die in jeder Schranke nur zu sich selbst kommt. Die Negationen, sagt daher Proklus, sind nicht mehr privative, sondern erzeugende. Das Unendliche ist also die Selbstbestimmung des Einen, das in jedem Endlichen sich selbst als das Eine, Unendliche wiederfindet; d. h. das Eins erzeugt sich in's Unendliche als viele Eins. Das ist nun der Standpunkt Leucipps und Demokrits, die in den Atomen unendlich viel Principien annahmen. Und Leibnitz sagt in seiner Monadenlehre dasselbe, wenn er in jeder endlichen Monade die ganze Weltvorstellung an sich oder als eine dunkele vorhanden annimmt.

Indem Leibnitz dann ferner behauptet, dass in der Monade der Monaden die an sich seiende Totalität der Weltvorstellung eminent vorhanden ist, so hat sein Schüler Wolf diese Totalität so gefasst, dass er Gott als den Inbegriff aller Realitäten definirte. Beide haben aber damit eigentlich eine neue Kategorie an die Stelle des Einen und des Vielen zum Principe gemacht. In der That, wenn jedes der Vielen selber das Eine ist, so sind sie nicht unterschieden von einander. Weil jedes Eins ist, ist es ebenso das Erzeugende, als das Erzeugte des Andern; sie bilden zusammen das Eine Eins, oder Alle sind eins. Diese Kategorie der Allheit oder Totalität hat der französische Materialismus des 18. Jahrhunderts als *Le grand tout* ausgesprochen und damit pantheistisch die All-Eins-Lehre aufgestellt, während wir die All-Eins-Lehre des Xenophanes lieber als Monismus des Gedankens fassen möchten.

Der Gedanke der Allheit enthält nun den neuen Widerspruch, dass in ihm die Vielen ideell sind, und er zugleich diese Idealität nicht festhalten kann. Die Allheit ist die Rückkehr des Vielen zur Einheit, aber indem der Einheit die Vielheit nothwendig ist, so ist das Viele vielmehr der überwiegende, die Einheit ergänzende und sie dadurch erst realisirende Begriff.

> Einsam war der grosse Weltenmeister,
> Fühlte Mangel. Darum schuf er Geister,
> Sel'ge Spiegel seiner Seligkeit.

Fand das höchste Wesen schon kein Gleiches,
Aus dem Kelch des ganzen Wesenreiches
Schäumt ihm die Unendlichkeit.

Das Eine ist also ohne die Vielen nicht die Unendlichkeit, gewinnt dieselbe erst in den Vielen. Und die Allheit ist daher wesentlich nicht Einheit, sondern die Selbstständigkeit der Vielen, deren jedes eben dadurch selbstständig wird, dass es selbst ein Eins ist, nicht blos vom Einen Eins abhängig bleibt. Diese Selbstständigkeit der Vielen in der Allheit macht sie zu gleichgültigen Einheiten gegen einander. Jedes ist ganz dasselbe, was das andere, und doch schliesst zugleich jedes das andere aus. Jedes hat an dem andern eine Grenze, aber jenseits der Grenze ist das Eine ebenso wie diesseits derselben. Die Grenze der Vielen ist also eine gleichgültige Grenze, — eine Grenze, die keine ist. Dieses Eins, das am Eins keine Grenze hat, ist also ein von seiner Grenze unabhängiges Sein; es ist dasselbe Sein von beiden Seiten der Grenze. Das nennen wir nicht mehr Qualität, wo die Grenze eben das Sein ausmacht; diese gleichgültige Grenze, diese Grenze, die keine ist, heisst die Quantität, eine neue Kategorie, welche zur Bezeichnung des Absoluten dient.

Die Quantität ist dieser Widerspruch, dass sie die Unendlichkeit stets in sich schliesst; sie ist das Viele, das immer neues Viele erzeugt. Die Quantität kann daher, als Continuität in's Unendliche, ihre Grenze überschreiten. Dieses Ueberschreiten hilft ihr aber nichts, da sie in jedem neuen Vielen nur eine neue Grenze erreicht, und so Discretion ist. In der unendlichen Continuität ist stets die discrete Grenze erhalten; jede Discretion continuirt sich aber auch über sich hinaus. Wie also in der Discretion die Unendlichkeit der Continuität die Endlichkeit an sich hat, so hat die Endlichkeit der Discretion das Unendliche in sich. Die Endlichkeit und die Unendlichkeit sind einander immanent, und doch fallen sie noch als zwei Grössen auseinander. Die Continuität ist das unendlich Grosse, was aber nur sein soll, weil immer noch ein weiteres Hinausgehen angenommen werden kann. Die Endlichkeit der discreten Grenze, die überall von der Continuität gesetzt werden kann, ist das unendlich Kleine, das aber auch nur sein soll, weil jedes kleinste Discrete noch continuirlich ist.

Wenn wir an der Zahl der Pythagoreer den reinen Gedanken herausheben, der in ihr steckt, so haben die Pythagoreer die

Quantität zum absoluten Princip gemacht. Und dass sie dies gethan, sagt uns Aristoteles ausdrücklich, indem sie nicht die Zahlen als solche, sondern ihre Principien zu obersten Definitionen des Absoluten gemacht hätten, das Bestimmte und das Unbestimmte, das Eins und das Viele; was sie auch als Einheit und unbestimmte Zweiheit bezeichneten. Auf directere Weise hat Schelling die Quantität zum Princip aller Dinge erhoben, indem er sagte, dass Alles nur Metamorphose Eines Urtypus sei, und alle Unterschiede dieses Urtypus nur quantitative Differenzen bildeten. Es ist aber dies nicht nur eine Ansicht der neuern Philosophie, sondern auch der neuern Empirie, wenn sie den qualitativen Unterschied des Wassers und des Goldes z. B. nur in einer grössern oder geringern Quantität der Poren und Atome sieht. Und im Grunde ist diese Lehre zugleich uralt, indem die durch Verdichtung und Verdünnung hervorgebrachten Unterschiede der Dinge bei den Joniern, ferner die atomistische Weltbildung Leucipps auf blosse Unterschiede der Quantität hinauslaufen.

In diesem hohen Werthe, der der Quantität beigelegt wird, ist aber zugleich ihr Uebergehen in eine neue Kategorie gegeben. Alle diese Systeme machen die Quantität zur Quelle der Qualität. Und das ist eigentlich auch schon im Begriff der Quantität enthalten. Denn wenn sie die Unendlichkeit ist, die in jeder neuen Grenze auch über sich hinausgeht, so ist sie als Setzen einer neuen Grenze auch ein Setzen einer neuen Qualität. Diese Qualität hat aber die Quantität wieder in sich, bleibt eine gleichgültige Grenze, bis an einem gewissen Punkte die neue Quantität auch wieder eine neue Qualität setzt. Solche Quantität, die in einer neuen Grenze eine neue Qualität enthält, ist der Grad, worin die Qualität selbst indessen noch etwas blos Quantitatives bleibt: der neunzehnte Grad unterscheidet sich vom zwanzigsten nur durch eine quantitative Verschiedenheit der Extension, oder durch eine quantitativ verschiedene Intensität des Gefühls; z. B. bei Wärme-Graden. Wegen ihres Begrenztseins sind die extensive und die intensive Grösse endliche Quantitäten oder Quanta. Im Grade sind sie zwar verbunden, aber ohne ihre Endlichkeit aufzugeben. Jede extensive Grösse ist auch intensiv, kann immer noch extensiver und weniger intensiv, oder intensiver und weniger extensiv werden, ohne eine qualitativ andere zu werden. Dunkelblau wird, durch Wasser verdünnt, hellblau. Dieselbe Qualität wird quantitativ verschieden.

Aber wo ist die Grenze, mit welcher die Qualität zu qualitativ verschiedenen Qualitäten wird? Weil die Grenze gleichgültig ist, überschritten wird, so kann überall die qualitative Differenz angenommen werden. Der zwanzigste und der einundzwanzigste Grad der Wasserwärme können für blos quantitative Differenzen angesehen werden. Der nullte und achtzigste sind als Eis und Dampf aber gewiss qualitative Unterschiede.

Dieser Fortschritt ist der Fortschritt des Grades zum Maasse. Das Maass ist eine Quantität, die unmittelbar die Qualität an sich hat. Ist der qualitative Sprung von 0 oder 80 geschehen, so ist unmittelbar aus der Quantität eine neue Qualität geworden. Diese neue Qualität hat aber ebenso wieder die Quantität unter sich, indem die weiteren Grade unter Null und über 80 wiederum nur quantitative Qualitäten hervorbringen. Dieses Umschlagen von Qualität in Quantität und von Quantität in Qualität haben die Megariker sehr gut eingesehen, wenn sie die Vermehrung der einzelnen Bohnen endlich zu einem Haufen, das Ausfallen der einzelnen Haare endlich zu einem Kahlkopfe machten. Auch Aristoteles unterschied die Tugend vom Laster durch die Quantität der Befriedigung des Triebes: als Mitte, oder Extrem des Zuvielen oder zu Wenigen. Das Maass gehört noch der wieder aus der Unendlichkeit hervorbrechenden Endlichkeit an, indem es Eine bestimmte Qualität ist, welche sich die Herrschaft über die schlechte Unendlichkeit der Quantität anmaasst. In diesem Sinne können wir dem Sophisten Protagoras Recht geben, wenn er sagt, der Mensch ist das Maass der Dinge. Weil aber jedes Maass auch wieder durch eine neue Quantität in ein anderes Maass verwandelt wird, so haben wir im wechselnden Siege von Quantität und Qualität die Knotenlinie der Maassverhältnisse als einen Progress in's Unendliche, in's Maasslose. Das Eine, das wahre Unendliche, welches, wie wir sahen, alle Grenzen als seine eigenen Bestimmtheiten setzt, ist dagegen die gegen jede Qualität und Quantität gleichgültige Selbstbestimmung, die Indifferenz, in der alles Endliche gehalten ist, und aus der es entspringt. In diesem Sinne macht Sokrates den Menschen zum Maass der Dinge, insofern in ihm κατ' ἐξοχήν die absolute Vernunft sich darstellt, welche die Regel und der Maasstab aller Dinge ist. Und weil Schelling allen Unterschied nur als einen quantitativen behauptete, so sah er das Eine als das gegen alle Bestimmtheiten Indifferente an.

2. Dies gegen jede einzelne Qualität, Quantität und Maass Indifferente, aber doch alle diese Bestimmtheiten in seine Einfachheit Zusammenfassende, nennen wir nun, als die zweite Stufe der Logik, das Wesen; und die Summe aller dieser in ihm aufgehobenen Bestimmtheiten ist der Schein, oder das Unwesentliche. Dieses ist aber vielmehr dem Wesen wesentlich. Erst durch sein Scheinen ist das Wesen das Wesen; es setzt sich erst als Wesen dadurch, dass es scheint. Und der Schein, weil er eben der Schein, der Wiederschein, die Reflexion des Wesens ist, enthält ebenso das Wesen in sich:

Der Schein was wär' er, dem das Wesen fehlte?
Das Wesen wär' es, wenn es nicht erschiene?

Zwei Philosophien giebt es, die sich einseitig in diesen Gegensatz theilen. Anaxagoras, indem er den Gedanken als νοῦς zum Princip der Welt machte, verwarf allen Schein der Sinnlichkeit, als das blos Nichtige, Chaotische, in welchem sich die Einfachheit des Gedankens stets durchsetzte, als das alle Mannigfaltigkeit Ueberwindende und sich Unterordnende. Im Gegensatze zu ihm machten die Sophisten gerade den Schein zum absoluten Principe; Alles sei so, behaupteten sie, wie es Jedem scheine. So ist der Schein eines Jeden als das Wesentliche gesetzt. Bei Anaxagoras dagegen ist jedes Scheinende mit dem Werthe des Wesens, des νοῦς umgeben. Jede Qualität ist das sich in dem allgemeinen Gemische Erhaltende, ist also eine Darstellung des Wesens selbst. Fleisch, als irgend ein Bestimmtes, ist ihm ein Einfaches, in sich Gleichartiges, so das Wesentliche einer Bestimmtheit, in der aber ebenso der mannigfaltige Schein aller andern Bestimmtheiten enthalten ist; nur dass sie quantitativ geringer sind, als die Masse, wonach jede Bestimmtheit bezeichnet wird. Der sinnliche Schein der mit dem Fleische vermischten Dinge verschwindet ihm vor dem Gedanken des Fleisches: der Gedanke des Schnee's, der aus dem schwarzen Wasser geworden, lässt ihm das Weisse desselben als Schein verschwinden.

Als die sich in allen Bestimmtheiten wiederholende Einfachheit, ist das Wesen nun die Identität; nicht die schlechte Identität jedes Seins mit sich selbst, was seit Aristoteles als $A = A$, als der Satz der Identität zum obersten Grundsatz alles Denkens, oder vielmehr nur des endlichen Denkens gemacht worden ist. Sondern der wahre Satz der Identität ist die Identität aller Bestimmtheiten im Wesen. In diesem Sinne ist die Philosophie Schellings das Identitätssystem genannt worden, dessen Formel er mithin so ausdrückte, dass die Identität die Identität der Identität und der Nicht-Identität sei. Die Identität ist auf diese Weise nur die Identität Unterschiedener. Der Unterschied ist ein so nothwendiges Moment des Wesens, wie die Identität. Der Unterschied ist gebildet durch die unendliche Reihe von Bestimmtheiten, welche sich als der Schein des Wesens darstellten. Während aber die Bestimmtheiten durch Veränderung eine aus der andern hervorgingen, so sind sie jetzt sämmtlich durch das Wesen gesetzt, das sich in ihnen zur Erscheinung bringt. An die Stelle des Uebergehens in's Andere ist also das Setzen seines Anderen, die Reflexion des Wesens getreten. Die Unterschiede sind also die Selbstunterscheidung des Wesens in sich; was Jacob Böhme die Schiedlickeit der Dinge nannte, die durch Christus als den Amtmann oder Schiedsmann hervorgebracht werde. Nehmen die Unterschiede des Wesens den Schein selbstständig Seiender an, so haben wir ihr gleichgültiges Auseinanderfallen in der Verschiedenheit. So stellte Leibnitz das zweite Denkgesetz, das Princip der Identität des Ununterscheidbaren, auf, indem er sagte, jedes Dasein müsse eine sich vom andern unterscheidende Individualität besitzen, weil es sonst mit ihm eins wäre; es gäbe daher nicht zwei Baumblätter, die vollkommen identisch wären, indem es sonst nicht zwei wären.

Zwei Dinge können aber nur verschieden sein, insofern sie in einem Dritten übereinkommen; denn sie sind ja nur die Unterschiede des Wesens, sie sind nur in Etwas verschieden. Dieses Dritte, welches das *tertium comparationis* genannt wird, ist das in ihnen Identische; die Unterschiede Roth und Blau sind in der Farbe identisch. So ist Identität und Unterschied in Einem; und das nennen wir den Gegensatz, woraus eine neue Form dieses zweiten Denkgesetzes fliesst. Schon die Pythagoreer hatten die Einsicht, dass Alles aus dem Gegensatz entspringe. Die ganze Dialektik beruht auf dieser Erkenntniss. Giordano Bruno machte zum Princip die *coincidentia oppositorum*. Und wenn der Verstand den Satz des Entweder-Oder aufstellt, dass jedes Ding nur entweder das Eine oder das Andere sein könne, ein Drittes gebe es nicht, nach Jacobi, so behauptet die Philosophie: Es giebt ein Drittes, und es existirt nur Philosophie, insofern dieses Dritte ist. Zwischen Licht und Finsterniss ist also die Farbe das Dritte, zwischen

Schwarz und Weiss das Grau. Hier entsteht aus der Verbindung der Gegensätze, aus dem Sowohl-Als auch das Dritte. Oder das Dritte ist auch weder das Eine noch das Andere, wie unschuldig weder gut noch böse, oder die Mitte weder Links noch Rechts ist. In letzterem Falle sind auch die Gegensätze ganz relativ, je nachdem man steht. Der Satz des ausgeschlossenen Dritten, der durch alle diese Beispiele widerlegt wird, gilt nur in Einem Falle, wenn die Gegensätze nicht zwei Bestimmtheiten, conträre Begriffe, sondern der eine die blos unbestimmte Negation einer Bestimmtheit ist, contradictorisch entgegengesetzte Begriffe. So gilt allerdings der Satz: A kann nicht zugleich A und Nicht-A sein, z. B. Pferd und Nicht-Pferd; zu verschiedenen Zeiten, sagt Kant, aber dennoch! Selbst der Gegensatz von Wahrheit und Irrthum ist kein absoluter, indem die einseitigen Momente der Wahrheit, für sich genommen, den Irrthum bilden: Sein und Nichts sind der Irrthum im Verhältniss zum Werden, als ihrer Wahrheit.

Hieraus ersieht man auch, wie ungerecht der Vorwurf ist, den man der Hegelschen Philosophie macht, dass sie den Widerspruch zum absoluten Principe mache. Contradictorische Begriffe widersprechen einander, nicht aber conträre. Der sogenannte Satz des Widerspruchs oder vielmehr des Nichtwiderspruchs, wie die Franzosen ihn nennen, schliesst also nur die Identität von A und Nicht-A aus, und die hat Hegel nie behauptet. Alle Dialektik identificirt aber die Gegensätze, z. B. Sein und Nichts im Werden, Qualität und Quantität im Maasse u. s. w. Freilich so lange man blos beim Negativen der Dialektik stehen bleibt, das Sein als Nichtsein, die Qualität als Nichtqualität, die Quantität als Nichtquantität auffasst, macht man aus den conträren Begriffen contradictorisch entgegengesetzte. So ist auf einen Augenblick der Widerspruch gesetzt. Das ist der Fehler, in welchen Zeno verfiel, wenn er die Bewegung nur als Nichtbewegung, als Ruhe fasste, und nicht die positive Einheit zu erkennen wusste, in welcher dieser Widerspruch sich auflöst. Wenn also die Philosophie den Widerspruch einen Augenblick zugiebt, so ist sie doch auch auf die Auflösung des Widerspruchs bedacht. Dies that Aristoteles bei einem andern Argumente des Zeno gegen die Bewegung, welches Achilles und die Schildkröte hiess. Achilles könne, als der Schnellste, meint Zeno, nie die langsame Schildkröte erreichen, weil diese am Ende jedes Zeitraumes, mit dessen Anfang Achilles ihren Ausgangspunkt erreicht hat, immer schon etwas weiter gekommen sei. Aristoteles sagt, es komme nur darauf an, die Grenze zu überschreiten, — das, was Zeno als zwei Zeiträume fasst, als Einen zu setzen. Achilles ruht eben nicht an dem Punkte, von wo die Schildkröte ihre Bewegung beginnt.

Weil der Widerspruch aber nicht bestehen, sondern überall, wo er sich zeigt, und er zeigt sich überall, aufgelöst werden muss: so ist er nur als die Bewegung zu fassen, aus der Identität in den Unterschied überzugehen; und das ist die Kategorie des Grundes. Das dritte Denkgesetz, das hier hergehört, fasste Leibnitz in der Form: Alles hat seinen zureichenden Grund; und dies bezog er auf Gott, als das absolute Princip. In der That, wenn wir das Absolute als den Inbegriff aller Realitäten, als das Wesen hinstellen, das alle Unterschiede aus sich heraussetzt, so erlangen wir erst damit den zureichenden Grund für das Dasein der Welt. Das Begründete enthält aber den Grund in sich selbst, und erst im Begründeten stellt der Grund sich dar als das, was er ist. Das ist der Standpunkt der Emanationslehre, den Philo, die Neuplatoniker, die Gnostiker und die Kabbalisten einnehmen. Das Absolute wird auch von Plotin mit einer Quelle verglichen, aus der Alles fliesst, aber in der es auch bleibt ohne blos ausgeflossen zu sein. Die Immanenz des Grundes im Begründeten ist damit ausgedrückt. Der Mangel dieser Kategorie ist der, dass im Grunde das Absolute nur an sich als einfache Einheit, im Begründeten nur als zersplitterte Mannigfaltigkeit vorhanden ist. Das Höchste wäre die Rückkehr des Grundes aus dem Begründeten in sich selbst, so dass im bestehenden Unterschiede die Einheit erhalten bliebe; wie dies in der christlichen Vorstellung des Sohnes, als des λόγος, enthalten ist. Die Gnostiker bezeichnen daher den Vater auch als den Grund, als den Abgrund oder Urgrund, und auch Schelling hat sich einmal dieser Kategorie bedient; sie heisst auch das Namenlose, weil Unaufgeschlossene, der Sohn dagegen das Vielnamige, die Vielheit der Unterschiede. Und auch Jacob Böhme nennt den Vater ein finsteres Thal, während erst im Sohne das Licht sich empöre, d. h. emporsteige.

Wenn die Evolutionslehre das Begründete als die Totalität fasst, so sieht die Involutionslehre dieselbe im Grunde, als dem *Deus implicitus*, im Gegensatze zur Welt, als dem *Deus explicitus*. Im Grunde ist Alles in Weise der Einfachheit, im Begründeten in die Grundbeziehung ist eben, bei der Identität des Inhalts, gleichgültig: wenn wir sie also wiederaufnehmen, beiderseitig. Von seinen Eigenschaften getrennt, ist das Ding die leere Dingheit, als ein Einfaches. Jede Eigenschaft, für sich gesetzt, ist, als nur Eine der mannigfaltigen, ein partieller Grund des Dinges, eine Bedingung. Als Grund eines Dinges ist die Eigenschaft unabhängig von dem Dinge, also selbst ein Ding. Die Eigenschaft ist das Bedingende, das Ding das Bedingte; so sind die Eigenschaften das, was wir vorhin die Materien nannten. Wie die Eigenschaften aber Dinge wurden, so wird jedes Ding auch wieder eine Eigenschaft, eine Form, ein Moment eines andern Dinges u. s. f. in's Unendliche. Denn als ein Bedingtes ist das Ding eben nicht selbstständig, sondern von einem Andern getragen, dem erst diese Selbstständigkeit zukommt. Alle Dinge sind damit ebenso Eigenschaften des Einen Wesens, wie alle Eigenschaften auch bestimmt unterschiedene Dinge im Wesen sind. Sind aber die Eigenschaften das Bedingende des Dinges, so ist auch umgekehrt das Ding das Bedingende der Eigenschaften. Als das seinen Eigenschaften Vorausgesetzte, das ihr an sich seiendes Wesen bildet, ist das Ding die Sache selbst, welche ihre einzelnen Seiten oder Eigenschaften vorher in's Dasein schickt, ehe sie den Kreis dieser Bedingungen schliesst, um sich aus ihnen in die Existenz überzusetzen. Die Französische Revolution existirte in ihren Bedingungen, dem Priester-Lug und Trug, dem Despotismus, der Finanznoth, dem Hunger des Volkes, den Schriften Rousseau's und Voltaire's, ehe sie aus allen diesen fertig heraussprang. Die letzten Begebenheiten der Geschichte sind so die Sache, die aus den frühern als ihren Bedingungen hervorgeht. Und indem Alles so durch Alles gegenseitig bedingt ist, so bilden alle Dinge mit ihren Eigenschaften eben nur ein in sich zusammenhängendes existirendes Wesen oder Ding:

> Weil es Dinge doch giebt, so giebt es ein Ding aller Dinge.
> In dem Ding aller Ding' schwimmen wir, wie wir so sind.

Das ist die Vorstellung, welche sich Schiller von der Spinozistischen Philosophie macht. In diesem Dinge, das sich selbst alle seine Eigenschaften als so viel Dinge voraussetzt, und wie das Erste ist, so als das Letzte aus ihnen hervorgeht, ist der Gegensatz des Bedingten und des Bedingenden aufgehoben. Es ist das Sichselbstbedingende, und so das Unbedingte: die Kategorie, in welcher Jacobi das Absolute fasst, die er aber ganz verdirbt, indem er das Bedingte und das Unbedingte als zwei Welten auseinander hält.

Indem das Unbedingte aber die letzte Form ist, in welche die Existenz sich erhoben hat, hat sie sich damit selbst aufgehoben. Denn das Wesen, welches in der Existenz, als einem Dasein, zunächst vergessen war, bricht aus der Tiefe der Existenz wieder durch ihre Schale hindurch, wie der Maulwurf im Hamlet als seines Vaters Geist züngelnd aus der Erde flammt. Die Existenz wird dadurch in der That erst das, als was sie sich uns am Anfang zeigte, die Erscheinung; und das Wesen ist das Ding an sich hinter der Erscheinung. Mit diesem Gegensatze, bis zu welchem sich der Kriticismus Kants zuspitzt, als dem Gegensatze des Erkennbaren und des Unerkennbaren, haben wir den äussersten Gipfel des verständigen Denkens erreicht, das sich nicht tiefer entzweien kann. Bei Kant ist das Ding an sich aber das Noumenon, die Intellectualwelt, welche wohl ein und dasselbe Wesen mit unserm denkenden Ich sein könnte, obgleich Kant darüber nichts ausgemacht wissen will. Bei den Scholastikern ist dagegen dies Ding an sich, obgleich sie es zu erkennen meinen, die wahre Realität des Jenseits, der Scheinwelt des Diesseits gegenüber. Wenn Erdmann auch diesen Gegensatz für einen berechtigten hält, so kommt es doch wesentlich auf die Fassung desselben an. Ein Jenseits des Raums, was doch die eigentliche Bedeutung dieses Vorwortes ist, giebt es nicht, weil jenseits des Raumes immer noch Raum sein muss. Ein Jenseits der Zeit kann zugegeben werden, in dem Sinne, dass in einem bestimmten Zeitmomente nicht die Totalität des ansichseienden Wesens in die Entwickelung getreten ist. Und so kann man auch von einem Jenseits der Erkenntniss reden, insofern das Bewusstlose noch nicht in's Bewusstsein getreten ist. Das Jenseits ist also nur ein relatives.

Wenn aber auch für die Erscheinung das Jenseits und das Diesseits theilweise auseinanderfallen können, so ist das Jenseits doch seiner ganzen Totalität nach stets als ansichseiendes Wesen in der Erscheinung enthalten. In jedem Punkt des Raumes, der Zeit oder der Erkenntniss ist das Wesen in der Erscheinung als das Einfache in deren Mannigfaltigkeit thätig. Dieses diesseitig gewordene Jenseits ist das Gesetz; es ist als einfache Bestimmtheit derselbe Inhalt, den die Erscheinung in unendlicher Vervielfältigung zeigt. Das Gesetz ist so das Ganze, die Mannigfaltigkeit der Erscheinung die Theile. Wenn die französischen Materialisten des 18. Jahrhunderts ihr Princip als das grosse Ganze bezeichneten, so ist in diesem Ausdruck der Pantheismus in seiner eigentlichsten Form enthalten. Als der thätige Grund ist das Ganze die Kraft, welche in ihrer Aeusserung sich adäquat bleibt. Besonders hat Herder das Absolute als die Urkraft der Welt gefasst. Weil die Kraft aber nur so gross ist, als ihre Aeusserung, in beiden derselbe Inhalt sich darstellt, so ist der Unterschied nur ein Unterschied der Form, das Innere und das Aeussere, das Absolute aber die Einheit des Innern und des Aeussern, während in den endlichen Dingen sie entgegengesetzt sein können.

Die Identität des Innern und des Aeussern nicht mehr als zwei Totalitäten, sondern als Eine, ist die Wirklichkeit, welche ihre Möglichkeit in sich schliesst. Die reale Möglichkeit ist die innere Kraft, die sich durch sich selbst äussert, das Wesen, welches, wie Spinoza sagt, seine Existenz in sich schliesst. Diese, sich so aus sich selbst zur Wirklichkeit umsetzende Möglichkeit, dies Mögen und Vermögen ist die Thätigkeit. In diesem Sinne hat Aristoteles die Energie als Thätigkeit, als Wirksamkeit zum höchsten Princip gemacht. Am Anfang war die That, ist auch der Satz des Aristoteles, während Plato in seinen Ideen eher die reale Möglichkeit an die Spitze stellt, wenngleich sie sich auch als das wahrhaft Seiende erweist. Setzen wir dagegen die Wirklichkeit wieder auf die Stufe der Existenz, des Daseins zurück, was man ja im gemeinen Leben auch Wirklichkeit nennt, und die Franzosen κατ' ἐξοχήν la réalité: so hat jedes Wirkliche, als eines der vielen Andersseienden, seine Bedingung, seine Möglichkeit in einem andern Wirklichen, dieses wieder in einem andern u. s. f. in's Unendliche. Eine solche vereinzelte Seite der Wirklichkeit, die ihr Sein in einem Andern hat, kann sein oder auch nicht, je nachdem dieses Andere ist oder nicht ist. Ein solches Wirkliche ist also nur möglich; und wenn das Andere ist, also das Wirkliche zur Existenz bringt, so ist eine solche Wirklichkeit nur eine Zufälligkeit. Das ist der Standpunkt der Philosophie Epikurs. Der Zufall ist ihm das Absolute.

Ist aber das Zufällige ein nur Mögliches, indem es sowohl das Sein, als das Nichtsein haben kann, und jetzt gerade ist: so ist das nur Mögliche eben dasselbe, nur dass es zufällig nicht ist. Sie haben Beide dieselbe Form: die Möglichkeit eines jeden ist eine andere zufällige Existenz. Aber auch der Inhalt ist derselbe. Der nur mögliche Inhalt wird durch die Thätigkeit zur zufälligen Existenz gebracht. Die unendliche Reihe der zufälligen Dinge hat also eine unendliche Reihe von Möglichkeiten zu ihren Voraussetzungen. Indem jedes Zufällige aber wiederum die Möglichkeit eines andern Zufälligen ist, so fällt die unendliche Reihe der Zufälligkeiten mit der unendlichen Reihe der Möglichkeiten zusammen. Es ist der unendliche Inhalt, der in die unendliche Reihe der Bestimmtheiten zersplittert ist. Die Wirklichkeit, in welcher der ganze Inhalt sich als seine eigne Möglichkeit setzt, diese absolute Möglichkeit, welche auch die absolute Wirklichkeit, nicht mehr eine zufällige ist, nennen wir nun die Nothwendigkeit; die Kategorie, welche die Stoiker an die Spitze ihres Systems stellten. Dass ein Zufälliges durch ein andres Zufälliges gesetzt ist, nennen wir auch Nothwendigkeit, aber nur äussere, relative Nothwendigkeit, nicht die innere, welche schon an sich die Freiheit ist, indessen noch den Schein eines blinden Bandes der Innerlichkeit hat, das scheinbar einander Aeusserliche miteinander verbindet.

Die erste Lösung dieser Blindheit ist die Erkenntniss, dass alle Zufälligkeiten aus dem nothwendigen Wesen fliessen. Das heisst, sie sind Accidenzien der Substanz. Hiermit ist ein neues Princip in die Geschichte der Philosophie gekommen, indem Spinoza, an die höchsten Systeme des Alterthums anschliessend, sagte: Das Absolute ist die Substanz aller Dinge, die nur Eine ist. Da aber die Substanz sich in jedem Accidenz, als das Thätige, sie Erzeugende darstellt, so ist sie das im Wechsel der Accidenzien Beharrende. Diese gehen stets aus der Möglichkeit in die Zufälligkeit und aus der Zufälligkeit in die Möglichkeit über. Da sie aber nur den Inhalt der Substanz darstellen, so sind sie selbst Substanz. Alle Accidenzien sind Substanzen, aber abgeleitete, nicht ursprüngliche. Und so sagt Cartesius, der den Anstoss zur Spinozistischen Lehre gab, die vielen Substanzen sind in einem andern Sinne Substanz, als die Eine.

Als Substanz ist jedes Accidenz thätig; es ist die Möglichkeit eines andern Accidenz, das durch dasselbe hervorgebracht wird. Als Accidenz ist jede endliche Substanz aber auch leidend; sie wird durch eine andere hervorgebracht. Die thätige Substanz nennen wir die Ursache, die leidende die Wirkung. Jacobi wollte das Absolute nicht als Grund, sondern als Ursache der Welt angesehen wissen. Dann stehen aber Gott und Welt sich als zwei unabhängige Substanzen gegenüber. Denn weil die Ursache nicht nur thätig, sondern auch leidend ist, so ist ihre Thätigkeit nicht ihre ganze Substanz, sondern nur ein Accidenz an ihr; und mit ihrem Leiden verhält es sich ebenso. Das Spalten und Gespaltensein lässt die sonstige Substanz der Axt und des Holzes ausser Acht, oder die Substanz modificirt jene Thätigkeit nur auf accidentelle Weise. Da jede endliche Substanz sowohl thätig als leidend ist, so ist sie sowohl Ursache als Wirkung; aber die Ursache ist Wirkung einer andern Ursache vor ihr, und die Wirkung die Ursache einer andern Wirkung nach ihr. Die Identität von Ursache und Wirkung ist daher nur eine formelle. Indessen auch der Inhalt ist identisch, indem dasselbe Quantum von Bewegung, das im Stossenden, auch im Gestossenen ist. Endlich ist die Ursache auch Wirkung ihrer eignen Wirkung, und die Wirkung Ursache ihrer eignen Ursache, indem in der Gegenwirkung die Ursache nur so viel Thätigkeit zeigen kann, als die Wirkung ihr Widerstand leistet. So sind alle endlichen Substanzen in steter Wechselwirkung miteinander, — wieder eine Kategorie der Französischen Materialisten.

Da hiermit jede Substanz ein Accidenz aller andern ist, so sind alle nur die Accidenzien der Einen unendlichen Substanz, die wir das Absolute nennen, welches sich in der Reihe seiner Bestimmtheiten, Formen oder wie man es nennen will, in so viel relative Substanzen auslegt, die als solche wieder Accidenzien haben, welche daher Accidenzien der Accidenzien oder Modi des Absoluten genannt werden können: der Standpunkt Spinoza's und auch Schellings. Weil im Modus das Absolute nur eine Art und Weise der Existenz des Absoluten ist, so bringt dieses sich in ihnen selbst hervor; und Spinoza hat daher, das Causalitätsverhältniss seiner Endlichkeit entkleidend, das Absolute *causa sui* genannt, — was ebenso wohl als Ursache seiner selbst, wie als Wirkung seiner selbst bezeichnet werden kann.

3. Indem aber das Absolute im Modus sich nicht als sein Anderes, wie das Wesen, setzt, sondern sich nur aus sich selbst entwickelt, so haben wir die dritte Stufe der Logik, den Begriff, als die Einheit von Sein und Wesen erreicht.

Das Absolute, das sich durch die relativen Substanzen hindurch im Modus wiederfindet, ist nämlich das Allgemeine, das in die Besonderheit herabsteigt, und in der Einzelheit erst zur Spitze der Wirklichkeit kommt, wie Proklus sagt. So giebt es allgemeine, besondere und einzelne Begriffe; letztere sind die Individuen, und wenn nach Aristoteles das Einzelne die erste Substanz ist, so ist die besondere Art und das Allgemeinste nur durchs Einzelne getragen, das Einzelne aber wiederum nur dadurch und insoweit substantiell, als es der adäquate Ausdruck seiner Gattung ist. Dies Allgemeine und Besondere ist also nicht blos subjectiv, sondern das Allerobjectivste, obgleich die Form, der Allgemeinheit dem Begriffe zunächst die Bestimmtheit der Subjectivität verleiht. Das allgemeinste als das absolute Wesen der Dinge ausgesprochen zu haben, ist der Standpunkt Malebranche's. Plato macht die Besonderheiten oder relativen Substanzen als Gattungen oder Arten zur Vielheit des Absoluten in den Ideen. Das Zusammenfassen aller Gattungen, deren Reich als λόγος oder Sohn die Entfaltung des Vaters oder des Allgemeinen bildet, zur absoluten Einzelheit, als Geist, ist im Christenthum als Dreieinigkeit bezeichnet worden. Ich nenne dies die ewige Persönlichkeit des Geistes; was bei Hegel als die übergreifende Subjectivität, bei Aristoteles als die ursprüngliche Substantialität des Einzelnen vorkommt. Die Scholastiker, insofern sie Realisten sind, setzen das Allgemeine im Jenseits objectiv als *universalia ante rem*; als Nominalisten, fassen sie es im Diesseits nur in der Vorstellung des Subjects, als nach den Dingen seiend, *universalia post rem*, während der wahre Standpunkt offenbar die *universalia in re* sind, die ebensowohl die objectiven Gattungen der Dinge in diesen, als die subjectiven Begriffe in uns sind.

Wenn das Einzelne die höchste Spitze der Verwirklichung des Allgemeinen ist, so ist es doch als Modus und Accidenz auch ebenso dem Allgemeinen nicht adäquat. Diese ursprüngliche Theilung des Begriffs in die Momente der Allgemeinheit und Einzelheit ist das Urtheil ($E-A$), in welchem der Widerspruch ihrer Identität und Nicht-Identität gesetzt ist. Das Einzelne drückt die Gattung, seinen Begriff aus, und ebenso ist es ihm auch nicht in allen Stücken angemessen. Die Copula Ist setzt die Identität, die zugleich nicht vorhanden ist. Schelling hat mit Recht gesagt, die Copula ist das Absolute, weil in ihr die Gegensätze verbunden sind. Die Endlichkeit der Dinge, welche das Urtheil ausdrückt, schwindet um so mehr, je angemessener das Individuum seinem Begriffe wird, wie wenn das Subject die Prädicate gut, wahr, schön oder gerecht bekommt. In dem Urtheil, eine Handlung ist gut, weil sie so beschaffen ist, ist sowohl ein subjectives Denken, als die objective Kategorie des Dinges enthalten, wie in allen Urtheilen. Zugleich ist mit diesem Urtheile der Uebergang in den Schluss gemacht, indem das Subject E selbst so beschaffen und gut ist, ebenso die Copula und das Prädicat. Die drei Glieder des Begriffes E-B-A sind also jetzt jedes das Ganze, und doch noch auf einander bezogen: dieses allgemeine Band der Glieder des Begriffs nennen wir nun den Schluss, der als Vernunftschluss ebenso eine objective Kategorie der Dinge ist. In diesem Sinne sagt Hegel, alles Vernünftige ist ein Schluss, wie die Momente des Sonnensystems, die Gewalten des Staates u. s. w.

Wenn jedes Glied der ganze Begriff ist, so ist es aber auch eine gegen alle anderen Einzelheiten gleichgültige Existenz. Das allgemeine Band ihrer Beziehung ist verschwunden; die Subjectivität ist zweitens in die Objectivität, als die Beziehungslosigkeit, übergegangen. Die Monaden Leibnitzens stehen auf diesem Standpunkt der Objectivität, indem jede die Totalität der Weltvorstellung ist. Als äusserlich auf einander bezogen, bilden die einzelnen Objecte den Mechanismus; eine Kategorie, die Cartesius der ganzen Welt zu Grunde legte. Weil jedes Object aber zugleich der ganze Begriff ist, so sind sie, ungeachtet ihrer Aeusserlichkeit, doch innerlich miteinander verwandt. Sie streben also, diese Aeusserlichkeit ihrer Beziehung zu überwinden, und die innere Einheit, welche in ihnen vorhanden ist, auch an sich zu setzen; das ist das dynamische Verhältniss der Objecte. Schelling sprach so besonders von einer dynamischen Naturbetrachtung. Indem im Gesetztsein der Einheit die Unterschiede der Objecte aufgehoben sind, haben wir die Neutralität der Gegensätze. So steht den einzelnen mechanischen und dynamischen Objecten die Totalität des Begriffs als das andere Moment gegenüber. Diese Totalität des Begriffs, als der subjective Zweck, realisirt sich in den äusseren Objecten durch Mittel, die ebenso die Natur der Objecte an sich haben, wie sie an sich die Totalität des Begriffs sind. Die Zweckmässigkeit erscheint als eine äusserliche, indem durch das Mittel der Zweck das Object von aussen ergreift. Wenn der Zweck aber im Object ausgeführt ist, so ist er das innere Wesen des Objects geworden:

die innere Teleologie, die Empedokles und Anaxagoras angedeutet, Aristoteles zum bewussten Princip seiner Philosophie gemacht hat, indem er die Wirklichkeit als Energie in ihrer höchsten Form Entelechie nannte.

Mit der inneren Zweckmässigkeit haben wir drittens den Standpunkt der Idee, der Einheit der Subjectivität und Objectivität erreicht, auf welchem Plato, Schelling, Solger, und auch Aristoteles stehen, während bei Kant die Idee mehr in Form eines subjectiven Ideals auftritt. Die Idee, als die innere Zweckmässigkeit vorerst in einem einzelnen Objecte, ist die Idee des Lebens, welche Plato und Aristoteles besonders zum Princip gemacht haben. Die subjective Idee ist im Leben, als Seele, noch in die objective Idee versenkt; Thier und Staat sind so unbewusste Organisationen. Da im Leben das Einzelne seiner Gattung noch unangemessen ist, so wird es im Thier durch den Tod, im Staat durch den Process der Weltgeschichte in die Allgemeinheit der subjectiven Idee zurückgenommen.

Diesen Kampf der subjectiven und der objectiven Idee können wir sodann die bestimmte Idee nennen, deren Gegensätze sich auszugleichen haben. Wenn sich im Leben der Begriff in der Einzelheit auseinanderlegt, so ist die objective Idee die in allen einzelnen Objecten zerstreute Allgemeinheit des Begriffs. Die objective Idee erscheint so als die Regel, nach welcher sich die noch leere subjective Idee zu richten und mit der sie sich zu erfüllen hat. Das ist die Idee der Wahrheit, die Aristoteles besonders hervorhob, indem er die Theorie über die Praxis setzte. Die vielen einzelnen Objecte fassen sich in der Subjectivität in Gattungen, als allgemeine Begriffe, zusammen. Das ist die Analyse, die nicht nur Methode des Denkens, sondern ebenso objective Kategorie als Auflösung der Dinge in ihre Allgemeinheit ist. Scotus Erigena sah das Göttliche so als die Analyse des Endlichen, als dessen Vergötterung an. Und Sokrates bediente sich im subjectiven Sinne dieser Methode, die auch die empirische und inductive genannt werden kann. Haben wir durch die Analyse das Subject mit dem allgemeinen Inhalt der Objecte erfüllt, so legt sich derselbe in die Begriffsmomente der Allgemeinheit, Besonderheit und Einzelheit als Definition, Eintheilung und Lehrsatz auseinander. Es ist die synthetische oder deductive Methode, die sowohl subjectiv als objectiv das Entstehen des Einzelnen aus der Allgemeinheit darstellt. Die Definition der Weltgeschichte ist ihr allgemeiner Zweck, ihre Eintheilung die Succession der besondern Völkergeister, der Lehrsatz der Begriff eines einzelnen Volkes, z. B. der Griechen. Hier ist die Thesis Homer, als die Religion, die Construction der Staat, der Beweis als subjective Einsicht des vorhandenen Verhältnisses die Philosophie der Griechen. Im Problem endlich wird aus dem empirisch gegebenen Begriff der Sache die objective Realität in der genetischen Methode entwickelt. So ist der Begriff aber nicht nur etwas äusserlich Gegebenes, sondern der im Subject selbst vorhandene Inhalt der Idee; das Gute oder die praktische Idee, welche Plato als das Höchste setzte, wie ja auch Kant und Fichte der praktischen Vernunft das Primat zutheilten. Das Object, in dem die Idee noch nicht realisirt, ist dagegen das Schlechte, das Uebel. Hat sich die subjective Idee des Guten aber im Objecte realisirt, so ist sie eben mit der objectiven Idee identisch, aber nur in diesem einzelnen Objecte: die Idee des Schönen, dem das Hässliche, als das noch nicht realisirte Schöne, wie dem Guten das Schlechte, gegenüber steht. Die Schönheit zum Absoluten gemacht zu haben, ist der Standpunkt Schellings.

Dieser Uebergang der subjectiven Idee in die objective und umgekehrt, nicht im einzelnen Objecte, sondern im ganzen Universum ist die absolute Idee: der Standpunkt Hegels, der also in der Weltdialektik die absolute Methode in Thesis, Antithesis und Synthesis, als Einheit der analytischen, synthetischen und genetischen Methode zum absoluten Princip gemacht hat. Diese Methode stellt sich in der Logik, wie wir sahen, selbst in der einfachen Form des reinen Gedankens dar. Im natürlichen und geistigen Universum tritt die Einheit als Totalität nur unter der Form der Contraste, der Antithesen, der Endlichkeiten auf, welche ihre Einheit selbst wiederum nur in einer einzelnen, von ihnen unterschiedenen Gestalt finden. Im Weltsyllogismus sind aber diese Contraste selbst wieder zur einfachen Allgemeinheit des logischen Gedankens zurückgekehrt, der sich durch die Besonderheit der Natur mit der absoluten Einzelheit des Geistes zusammenschliesst (*E-B-A*).

B. Bedeutung Hegels für die Naturphilosophie.

Wenn man Hegels logischen Standpunkt sehr fälschlicher Weise als Scholasticismus und Formalismus verdammte, so sollte ihm nun in der Naturphilosophie noch ganz besonders der Stab gebrochen werden. Hier habe er die alten kindlichen Ansichten über Naturphilosophie wieder aufgewärmt, sei sogar auf die Empedokleischen vier Elemente zurückgekommen; er habe auch die Natur in spanische Stiefeln schnüren wollen, und von dem Reichthum der neuern Erfahrungen keinen Nutzen gezogen, ja im Augenblick, wo schon die vier ersten kleinen Planeten entdeckt wurden, die Nothwendigkeit der Zahl der bisherigen bewiesen; endlich die Erde, wie die Alten, wenn auch nur zum geistigen Mittelpunkt des Universums gemacht. Im Einzelnen habe er Newton völlig unrecht gethan, die poetische Fassung der Farbenlehre nach Goethe angenommen, die Wandelung der Stoffe im meteorologischen Processe behauptet, ja sogar die Meteorsteine aus der Luft entstehen lassen, die unorganische Natur der Erde als geologischen Organismus gefasst, ja endlich und vor Allem das Sternenmeer als einen Lichtausschlag für niedriger ausgesprochen, denn einen Hautausschlag bei Kinderkrankheiten; was Letzteres sogar David Strauss und Vatke empörte.

Wenn wir zunächst die Entstehung der Natur in's Auge fassen, so haben die Theologen von jeher sie als ein Abhängiges, und daher aus dem Geiste Entsprungenes, von der Gottheit Gemachtes, kurz als ein Geschaffenes betrachtet. Die griechischen Theologen bildeten sie aus dem Chaos, die christlichen liessen sie aus dem Nichts hervorgehen. Und unsere neueren Physiker machen es nicht besser, wenn sie zunächst die Erde, sodann, nach dem Schlusse der Analogie, ebenso alle übrigen Weltkörper aus einem embryonischen flüssigen, heissen Zustande zu allmäliger Erkaltung, Erstarrung und Krystallisation gebracht meinen. Nach Steffens ist die Erde so zunächst ein von Wasser umgebener Metallklumpen gewesen, der sich oxydirt, Kruste auf Kruste angesetzt habe u. s. w. Dagegen lässt schon der Dichter die Engel im Himmel singen:

> Deine Werke sind herrlich, wie am ersten Tag.

Und Aristoteles behauptet, der Himmel und die ganze Natur sind ewig; sie seien in ewiger Energie begriffen, weil sonst die Möglichkeit (die Nacht) vor der Wirklichkeit dagewesen wäre, und so alles Seiende auch hätte nicht sein können. Auch müsse eine in sich zurücklaufende Bewegung ewig sein, weil Anfangs- und Endpunkt zusammenfallen, sie also nicht, wie das Endliche, Vergängliche, irgendwo anfange und anderwärts aufhöre.

<blockquote>Lasst den Anfang und das Ende
Sich in Eins zusammenziehen.</blockquote>

Was nun die Stellung Hegels zu dieser Frage betrifft, so giebt er nicht eine so einfache Antwort, wie Aristoteles, sondern verschanzt sich hinter der Dialektik der Begriffe Zeit und Anfang. „Auf die Frage, ob die Welt ohne Anfang in der Zeit sei, oder einen Anfang habe, lässt sich eine runde Antwort, d. h. dass entweder das Eine oder das Andere sei, nicht geben. Die runde Antwort ist vielmehr, dass die Frage, dies Entweder-Oder nichts taugt." Hegel sagt daher: „Als Idee ist die Natur ewig, absolute Gegenwart. Das Endliche in ihr ist aber zeitlich." Wegen der Ewigkeit ist der absolute Anfang entfernt; wenn aber jedes Endliche in der Natur einen relativen Anfang hat, so fragt sich, ob damit auch die unendliche Zeit abgewiesen sei. Die Unklarheit Hegels liegt hier darin, die Resultate für den Verstand nicht ausgesprochen zu haben, die doch in seinen Prämissen liegen. Die unendliche Zeit nennt Hegel etwas nur Negatives. Sehr richtig! Aber wenn jeder Anfang relativ ist, so kann über jeden Anfang hinausgegangen werden, und es ist nie ein erstes Endliches da. Das heisst, die Idee hat nie angefangen und wird nie aufhören, Endliches aus sich hervorzubringen. Die Ewigkeit hat also die unendliche Zeit unter sich, die aber weder rückwärts noch vorwärts als vollendet gedacht werden kann, weil dies ja eine Grenze, eine Endlichkeit wäre: „Die Zeit jedes Endlichen fängt mit ihm an," sagt Hegel in dieser Rücksicht, „und die Zeit ist nur des Endlichen." Das ist die Kantische Idealität der Zeit, die uns indessen nicht um den unendlichen Progress der Zeit herumkommen lässt, möge sie in dem endlichen Bewusstsein oder draussen sein. Das kann Hegel nicht leugnen. Doch drückt er sich nicht bestimmt genug aus: „Wo der Anfang zu machen, ist unbestimmt; es ist ein Anfang zu machen, aber er ist nur ein relativer." Mithin ist vielmehr kein Anfang zu machen. Das musste deutlich gesagt, — und zugegeben werden, dass die unendliche Zeit die nothwendige Erscheinungsweise der Ewigkeit sei. Aristoteles wie Demokrit haben daher schon ganz klar ausgesprochen, die Zeit hat nie angefangen, also auch nicht die Veränderung in ihr, weil ein Anfang der Zeit immer schon Zeit voraussetzt. Und die Ewigkeit in die Zeit setzend, stellt Aristoteles die Formel auf: „Es ist immer dasselbige gewesen".

Hiergegen hat nun für die Erde wenigstens die neuere Geologie eine Entwicklung, eine Geschichte, kurz ein Anderswerden behauptet; und es fragt sich, wie Hegel sich diesen neueren Behauptungen gegenüber verhält, und ob er sie denn wirklich mit den Alten leugnet. „Die ganze Erklärungsweise," sagt er, „ist nichts als eine Verwandelung des Nebeneinander in Nacheinander," und das will er denn auch nicht in allen Punkten in Abrede stellen. „Dass die Erde eine Geschichte gehabt hat, d. h. dass ihre Beschaffenheit ein Resultat von successiven Veränderungen ist, zeigt diese Beschaffenheit unmittelbar selbst." So spricht er sogar die Vermuthung einer veränderten „Stellung der Erde in Rücksicht auf den Winkel, den die Axe mit ihrer Bahn macht," aus. Und hier folgt er allerdings den Alten, indem Diogenes Laertius (II, 9) die Worte des Anaxagoras anführt, „dass ursprünglich die Sterne kuppelförmig sich gedreht haben, so dass der stets sichtbare Pol sich im Zenith der Erde befunden habe, später aber die Neigung eingetreten sei." Die Aufeinanderfolge der Flötzläger ist dann vollends nicht zu leugnen. Aber da kann man, meint Hegel, mit Millionen von Jahren freigebig sein; und er schliesst dann diese empirische Geschichte aus dem Interesse der Philosophie aus, indem er hinzusetzt: „Der Geist des Processes ist der innere Zusammenhang, die nothwendige Beziehung dieser Gebilde, wozu das Nacheinander gar nichts thut."

Wenn Hegel ferner die Concession macht: „Es ist nach dem Begriffe nothwendig, dass die Erde als Product zu betrachten ist," so will er dies doch nicht auf die empirische Realität beziehen, indem er hinzufügt, die Erde entstehe aber nicht durch diesen Process, die Schöpfung sei ewig, das Allgemeine sehen wir nicht entstehen, — nämlich die Gattungen. Hegel ist daher eigentlich für die Ewigkeit aller Gattungen, also auch der des Menschen. Aber er wagt nicht, dies direct auszusprechen, und stellt die entgegengesetzte Möglichkeit hypothetisch hin: „Wenn also auch die Erde in einem Zustande war, wo sie kein Lebendiges hatte, nur den chemischen Process u. s. w., so ist doch, sobald der Blitz des Lebendigen in die Materie einschlägt, sogleich ein bestimmtes vollständiges Gebilde da." Was heisst dieses plötzliche Einschlagen? Wo kommt das her? Nur so viel ersieht man, dass er das Organische nicht allmälig aus dem Unorganischen hervorgehen lassen will, selbst in dieser früh geschriebenen Stelle. Und in der später abgefassten Encyklopädie behauptet der §. 249 die Gleichzeitigkeit der Stufen; so dass die höheren Gattungen des Organischen nicht der Zeit nach aus den niederen entstanden, sondern nur im Begriffe auseinander hervorgehen, keineswegs durch natürliche Erzeugung: „Es ist eine ungeschickte Vorstellung älterer, auch neuerer Naturphilosophie gewesen, die Fortbildung und den Uebergang einer Naturform und Sphäre in eine höhere für eine äusserlich wirkliche Production anzusehen." Der Mensch ist also nach Hegel nicht aus dem Chimpanse-Affen hervorgegangen. Das Unorganische kann nicht vor dem Organischen dagewesen sein, weil Eins das Andere fordert. Und so habe ich denn mit voller Bestimmtheit die Ewigkeit des Menschengeschlechtes und also auch einen Zustand der Erde postulirt, wo ungeachtet ihrer Revolutionen das Menschengeschlecht doch vorher immer einen Platz auf ihr hatte. Und wenn fossile Menschen selten sind, so sind sie doch gefunden worden. Die Abänderungen der Gattungen, das Aussterben vieler ist nur secundär, indem im Elephanten das Mammuththier, im Ochsen der Auerochse, in der Eidechse der Saurier fortlebt. Die spätere Ausbildung ist nur ein Zerfallen in eine grössere Mannigfaltigkeit der Arten. Und wenn im fliegenden Fische Vogel und Fisch oft noch zusammen waren, so haben sie sich später gänzlich getrennt, während die Amphibien noch jetzt solch missgestaltete Ungeheuer sind, wie die ältere Naturphilosophie als Mischung der Gestalten sie in die Urzeit setzte.

Diese Stufenfolge im Begriff hat Hegel nun auf's Vortrefflichste in der ganzen Darstellung der Naturphilosophie enthüllt. Es ist kein Schematismus oder Formalismus, wie die Schellingsche oder Okensche Naturphilosophie, von der Hegel sagt, dass ein ein für alle Mal fertiges Schema, wie Stickstoff-Kohlenstoff, Pflanze-Thier u. s. w. auf alle Stufen der Natur, gleich Etiquetten auf Apotheker-Büchsen, aufgeklebt wird. Und es ist bei der sonstigen Einsicht des Herrn von Hartmann in die Hegel'sche Philosophie auffallend, wenn er (Philosophie des Unbewussten, S. 275) Hegel in eine Klasse mit Albertus Magnus, Paracelsus, Schelling, Oken und Steffens wirft, welche einen „phantastisch gebärenden und formalistisch parallelisirenden Schematismus einer unwissenschaftlichen Naturphilosophie" aufgestellt hätten. Das kommt von der nun einmal nicht zu bewältigenden Unfähigkeit dieses unbewussten Philosophen, den freilich in's volle

Bewusstsein des Geistes tretenden Rhythmus der Dialektik genügend zu würdigen. Es ist kein fertiges Schema, was Hegel aufstellt, sondern die Trilogie des Begriffs, die in der Natur oft als Quadruplicität erscheint, weil die Natur das Anderssein, die sich entäussernde Realität der Idee. Diese Trinität der Methode wandelt sich dialektisch in immer höhere Formen um, je nachdem die mechanische, oder dynamische oder endlich die organische Stufe der Natur betrachtet wird. Wobei das Princip des Fortschritts die immer grössere Verinnerlichung und Einigung der auseinandergelegten Momente des Begriffs ist. Die sich äusserlichen Dimensionen des Raumes sind zunächst in denen der Zeit schon in Einen Punkt zusammengeschrumpft. Im Fall des Körpers wird der ideelle Punkt der Zeit, als Schwerpunkt, zur realen Einheit aller Materie, aber als blosses Streben. Im Sonnensystem ist die Einheit des allgemeinen Centralkörpers in die besondere Vielheit der peripherischen Körper, der Trabanten, auseinandergelegt und in den individuellen Planeten wieder zurückgenommen. Diese blos räumlichen, mechanischen Unterschiede werden in der dynamischen Physik zu eigenen immanenten Qualitäten, als Lichtkörper, starrer Krystall des Mondes, Dunstmasse des Kometen und Körper des totalen Grundes im Planeten. Diese so am Himmel schwebenden Qualitäten gestalten sich dann zu Momenten des totalen Individuums als Feuer, Wasser, Luft und Erde. Und da soll Hegel bis zu Empedokles' „Kinderglauben", wie er dies selber nennt, herabgefallen sein. Er sagt aber selbst, dass er nicht die chemische Einfachheit dieser Elemente behaupte; jeder Schüler weiss, dass Wasser, Luft u. s. w. zerlegt werden können. „Die physikalischen Elemente sind dagegen die allgemeinen, nur nach den Momenten des Begriffs particularisirten Materien." Sie bleiben, wenn auch nicht einfach, die allgemeinen Mächte der Natur, die das individuelle, organische Gebilde angreifen und auflösen:

> Denn die Elemente hassen
> Das Gebild aus Menschenhand.

Von ihrer äusserlichen Ruhe werden sie dann im innern Erdprocess als Vulcane, Quellen, Erdbeben, im meteorologischen als Blitz, Winde, Regen, Aerolithen zu lebendigen ineinander übergehenden Momenten der Erde oder ihrer Atmosphäre. Da mag denn Immermann immerhin spötteln, dass man nach Hegel Fabriken, um Steine vermittelst comprimirter Luft herzustellen, anlegen könne.

Sollen sie aus den Vulcanen des Mondes zu uns herunter, aus dem mit Hufeisensplitter vermengten Chausseestaub der Poststrassen hinauf zur Atmosphäre fliegen? Und doch ist alles dies immer noch zehntausendmal besser, als wenn man sie nach der funkelnagelneuesten Theorie für kleine Planeten ansieht, die, in den Anziehungskreis unserer Erde gekommen, von ihr ergriffen werden. Hegel sagt sehr gut: „Wie die Luft zu Wasser fortgeht, indem die Wolken Beginne kometarischer Körper sind, so kann diese Selbstständigkeit der Atmosphäre auch zu anderem Materiellen, bis zu Lunarischem, zu Steingebilden oder zu Metallen fortgehen." Wie die Feuerkugeln, aus denen die Meteorsteine oft herausplatzen, doch etwas Irdisches sind, so auch diese.

Bei dieser Gelegenheit ist auch der genialen Auffassung des **meteorologischen Processes** nach Lichtenberg, nicht nach Deluc bei Hegel Erwähnung zu thun. Dem Physiker von gewöhnlichem Schlage ist $A=A$, Wasserstoff ewig Wasserstoff u. s. w. Es ist keine Wandelung, kein Uebergehen, keine Dialektik der elementarischen Körper möglich. Die Regenbildung ist nur Wiederhervortreten des als Wasserdämpfe latent gewordenen, in die Luft gestiegenen Wassers. Es ist unleugbar, das Hygrometer zeigt keine Feuchtigkeit in der Luft. Dennoch wird die Anwesenheit der Wasserdämpfe hartnäckig behauptet, — ein Beispiel, wie ein empirischer Physiker mit der Empirie umgeht, und sich dabei doch die Philosophie der Hirngespinnste, die er sich selbst webt, anzuklagen nicht entblödet. Der Barometer deutet die Auflösung, Verwandlung der Stoffe in Luft, die dadurch dichter, also schwerer wird, durch sein Steigen an, bis das Wasser wieder aus der Luft hervorbricht, damit ihre specifische Schwere herabsetzt, und so den Barometer fallen lässt. Je leichter nämlich die Luft, desto mehr sinkt das Quecksilber durch seine Schwere in ihr, während es bei schwerer Luft leichter, d. h. in die Höhe getrieben wird.

Die blos allgemeinen elementarischen Mächte, die den Process des Planeten ausmachen, gestalten sich dann zu Momenten, zu Qualitäten des individuellen Körpers, indem das Licht dem **Metallinischen** an den Körpern als Farbe, das Luftige, Feurige als das **Schwefliche, Verbrennliche** dem Geruch, das Wasser, als das **Neutrale, Salzige** dem Geschmack entsprechen. Die drei Individualisationen des Lichts, der Luft und des Wassers sind dann selbst die Momente der **irdischen** Totalität des Körpers. Zu selbstständigen chemischen Körpern geworden, sind sie dann die Base, die Säure und der Krystall des Salzes. Im thierischen Organismus stellen sich die fünf Sinne als der Reflex dieser Qualitäten im erkennenden Subjecte dar, indem die Farbe dem Sinn des Auges, die in Luft aufgelöste Körperlichkeit dem des Riechens, die Auflösung in Wasser dem Geschmacke sich darstellt; wozu dann noch die totale Körperlichkeit im Tastsinn, und das Erzittern des Materiellen im Gehör kommt.

Ein anderes grosses Verdienst Hegels ist das, wodurch er — der hinter der neuern Naturforschung zurückgeblieben sein und die kindlichen Vorstellungen der Alten erneuert haben soll — vielmehr der Befreier der Physik von den veralteten Vorstellungen und dem erneuerten Materialismus geworden ist. Ich meine seine Fassung der specifischen Schwere und der Wärme.

Was zuvörderst die specifische Schwere betrifft, so ist es ein altes Vorurtheil schon von Thales her, das dann von den Atomistikern wieder aufgenommen wurde, dass alle qualitativen Unterschiede der Dinge blos quantitativer Art sind. Durch Verdichtung oder Verdünnung werden aus dem Wasser oder der Luft u. s. w. alle Dinge. Mehr Atome enger zusammengedrängt, und dafür Poren ausgestossen, machen das Ding zu einem andern. Seit Gassendi ist diese Ansicht in die neuere Physik eingedrungen. Wenn man also Wasser nur neunzehnmal verdichten könnte, so hätte man Gold. Und Immermann hätte gegen die Physiker, nicht gegen Hegel den Einwand machen sollen, dass nach ihnen in Fabriken Gold aus comprimirtem Wasser hergestellt werden könne; — ein Problem, worüber ja schon die Alchimisten brüteten. Schon Kant bekämpft diese Corpuscular-Theorie, als sei sie der Tod aller echten Philosophie, und setzt an deren Stelle die Lehre von dem verschiedenen Grade der Raumerfüllung. Die verschiedene specifische Schwere hat Hegel als Unterschied der Intensität gefasst. Die Materie ist concentrirter oder expansiver nach ihrer verschiedenen Form, aber immer voll. Poren und Atome sind leere Hypothesen. Freilich das Organische, der Schwamm und die Haut, haben Poren, gewissermaassen Durchgänge, πόροι im wahren Sinne des Wortes, nicht leere Zwischenräume. Die Materie und ihre Atome sind nichts an sich Seiendes. Die Form als das innere Wesen der Dinge lässt in denselben Raume eine neunzehnmal grössere Intensität in der einen Materie, als in der andern zu. Die Luft unter der Luftpumpe erfüllt immer noch den Raum ohne leere Zwischenräume, aber in einem höheren Grade der Expansion.

In der Lehre von der Wärme ist der Triumph der Hegel'schen Naturphilosophie bereits gesichert, und ich glaube durch meine Herausgabe derselben auch etwas zu diesem Siege beigetragen zu haben. Wo hört man noch von Wärmestoff sprechen? Ein berühmter Physiker hat mir gestanden, die Lehre von der Wärme sei in einer Umwandlung begriffen. Jede Eigenschaft, jeden Zustand der Materie machen die Physiker zu einem Stoff, einer Materie; und das Ding als das Auch der Eigenschaften erklären sie sich so, dass die Atome des Einen Stoffes in den Poren des andern sich verstecken, und umgekehrt, — eine ungeheuerliche Vorstellung. Momentan ist sogar von einem Schallstoff die Rede gewesen. Der Wärmestoff, der elektrische, magnetische Stoff hat aber lange Zeit volles Bürgerrecht im Lande der Physiker genossen. Alles dies sind bei Hegel Zustände der Materie, die Wärme die Auflösung der Cohäsion, der Magnetismus die lineare, mechanische Formthätigkeit, die Elektricität die dynamische, formelle, indem die Körper verschiedener elementarischer Eigenschaften, wie Metalle und Harze, einen Gegensatz bilden, der im chemischen Processe als dem vollendeten Siege der individuellen Form im Unorganischen zur totalen Neutralität der Salzbildung fortgeht. Und nun identificiren die Physiker Magnetismus, Electricität und Chemismus, während die Philosophie doch auch den Unterschied festhält. Nach ihr fällt dann auch die latente Wärme, die Wärmestrahlung fort. Denn eine latente Auflösung der Cohäsion ist eben keine, nur die Fähigkeit sich aufzulösen. Und das Ausstrahlen ist nichts als Mittheilung dieses Zustandes an andere Körper, wie auch das Feuer um sich greift.

Was unter diesen Stoffen das Licht betrifft, so ist es dem Lichtstoff in der empirischen Physik sonderbar ergangen. Hier folgten sie der Philosophie, und wollten das Licht zu einer Eigenschaft der Materie, nämlich zur Bewegung des finstern Aethers machen, während in der That das Licht die Materie selber in Form der Allgemeinheit, der reinen Identität ist. In der Emanationstheorie strahlte das Licht aus, noch bei Newton hatte es sieben Dunkelheiten, Farben in sich, bis es in der Interferenz-Theorie dann zu blossen Schwingungen nach der Analogie des Klanges wurde. So sind wir denn auf die Theorie vom Lichte und der Farbe, einen der Glanzpunkte der Hegel'schen Naturphilosophie gekommen, wo sie das Richteramt zwischen Goethe und Newton übernommen. Denn die jetzige Interferenz-Theorie ist nur eine Abwandlung der Newtonschen. Zunächst ist über die Grobheit geklagt worden, die Hegel gegen Newton übte, indem er sein Verfahren als Barbarei, Ungeschicktheit, Unrichtigkeit, Fadheit, Unredlichkeit bezeichnete, während das seiner „Nachbeter" Blindheit, Unwissenheit, Gedankenlosigkeit und Einfältigkeit gescholten wird. Giebt es aber etwas Aergeres, als das Licht aus sieben Dunkelheiten bestehen zu lassen? Und ist die jetzige Interferenz-Theorie mit ihren Bruchtheilen der Wellen etwas Anderes, als die sogenannte Brechung des Lichts im Prisma. Immer kommt durch Brechen die Farbe zum Vorschein. Hegel zeigte nun, dass Brechen ein Unsinn ist; es kann weder im Einen noch im anderen Medium geschehen. Also etwa auf der Grenze? Er fasste die Brechung als eine verschiedene Verschiebung nach der Dichtigkeit der Medien; wodurch Hell über Dunkel (Blau) oder Dunkel über Hell (Gelb) gezogen wird, und im Roth die volle Durchdringung von hell und dunkel nach Goethe zu finden ist. Newton kann nicht die Bläue des Himmels, nämlich die durch die erhellende Atmosphäre gesehene Finsterniss, noch das Gelb der Sonne oder des Mondes, nämlich die Trübung des weissen Lichtes, erklären; und roth erscheinen beide Himmelskörper, wenn die Trübung intensiver wird. Nach Newton soll die Luft blau sein, und Gelb und Roth den Rappel der Reflexion, die anderen Farben den des Durchlaufens haben. Heisst das etwas Anderes, als dass, wenn wir Roth sehen, Roth da ist? Die Farbe ist nach Goethe, Schelling, Hegel, Schopenhauer die Totalität, das Dritte zu Licht und Finsterniss. Die ganze Geschichte der Farbenlehre von Aristoteles an bestätigt Goethes Theorie. Dieselbe philosophisch bewiesen zu haben, ist schon für sich ein unsterbliches Verdienst der Hegel'schen Naturphilosophie, wenn sie auch kein anderes hätte; es ist immer eins der grössten unter den vielen, die wir bereits verzeichnet haben.

Es ist wahr, am Anfang seiner Laufbahn, hat er in der Dissertation *De orbitis planetarum* die Nothwendigkeit der Reihe der Planeten bewiesen, indem er die Hypothese eines Zwischengliedes zwischen Mars und Jupiter, die seitdem gefundenen kleinen Planeten, leugnete. In der Naturphilosophie hat er den Fehler aber wieder gut gemacht, und die Ausfüllung der Lücke anerkannt. Wie schön ist dann nicht nur der philosophische Beweis des Galilei'schen Gesetzes des Falles, sondern auch der der drei Keppler'schen

Analogien: nicht minder der der Einheit der Centrifugal- und Centripetal-Kraft, während die Astronomen, Bestimmungen der endlichen Mechanik auf die absolute übertragend, die himmlische Bewegung aus Stoss und Fall zusammensetzen.

Diese Vermischung der Standpunkte, dieses Erklären-Wollen der höhern Standpunkte aus den niedern hat Hegel dann schliesslich bei der Fassung des Organismus, seinem glänzendsten Verdienste in der Naturphilosophie, schlagend nachgewiesen. Cartesius fasste das Leben mechanisch, später betrachtete man es chemisch, bis Hegel nach Aristoteles und Kant's Vorgang es teleologisch fasste. Hier ist die Idee als die sich selbst zur Objectivität gestaltende Subjectivität, die sich selbst ihren Leib schaffende Seele mit Meisterhand geschildert, so das Anderssein der Natur aufgehoben, die Immanenz des Gedankens in ihr nachgewiesen, und damit der Uebergang in die Psychologie gemacht. Es ist also nicht so viel Aufhebens davon zu machen, dass Hegel die Sternenwelt gegen den Organismus heruntersetzt: „Man kann die Sterne wegen ihrer Ruhe verehren; an Würde sind sie aber dem concreten Individuellen nicht gleich zu setzen. Dieser Lichtausschlag ist so wenig bewundernswürdig, als einer am Menschen." Daraus hat man, wie aus andern Sätzen, Anklagen gegen Hegel schon bei seinen Lebzeiten zusammengeschmiedet. Können wir uns wundern über das organisirte System der Anschwärzung, was er und wir nach seinem Tode bis auf die heutige Stunde zu erdulden haben? Er sagt darüber selbst im Verlaufe seiner Vorträge über die Naturphilosophie: „Man hat in der Stadt herumgetragen, ich habe die Sterne mit einem Ausschlag am organischen Körper verglichen. In der That mache ich aus einem Concreten mehr, als aus einem Abstracten, aus einer auch nur Gallerte bringenden Animalität mehr, als aus dem Sternenhimmel," wie schon Goethe sagt:

„Allein es mangelt an Beschauern."

Wir werden sehen, wie auch der Punkt' aufs *i* und die Maus mit der Hostie noch bei Hegels Leben zu solchen organisirten Verketzerungen haben herhalten müssen. Unter allen Planeten hat er aber der Erde den höchsten Rang angewiesen, weil sie, wegen ihrer Geschichte, der einzige Boden des Geistes sei. Organismus hat er ihr, aber nur an sich, zugeschrieben; was nur Diejenigen tadeln können, die das Unorganische und Organische als Leben und Tod absolut auseinander halten.

C. Bedeutung Hegels für die Psychologie.

Die Fassung der Psychologie ist eigentlich das Hauptverdienst Hegels, nicht als ob er, wie manche Philosophen, z. B. der verschollene Beneke, und aus der Hegel'schen Schule Feuerbach, Alles auf Anthropologie oder Psychologie reduciren wollte. Sondern wenn die Hegel'sche Philosophie mit Recht die Philosophie des Geistes genannt worden ist, zunächst im Gegensatze zu der Schelling'schen Naturphilosophie, so ist es einleuchtend, dass die Definition des Geistes, wie sie zunächst in der Psychologie, als der Lehre vom individuellen Geiste, an uns herantritt, der innerste Kern- und Mittelpunkt jener Philosophie ist. Wie hat Hegel nun den Geist gefasst? Auch hier ist, wie überall, immer wieder auf Kant zurückzugehen, als Denjenigen, der für alle Gebiete der neuern Philosophie den Ausgangspunkt und die Grundlegung dargeboten hat.

Es ist bekannt, wie der Kriticismus der reinen Vernunft die Unmöglichkeit einer rationellen Psychologie, wie die vormalige Wolf'sche Metaphysik sie aufstellte, bewiesen hat. Die Seele ist ihm zunächst eine der drei Ideen der Vernunft: nämlich das Unbedingte der kategorischen Synthesis in einem Subjecte, wo dann in der vormaligen Philosophie das denkende Subject als eine Substanz aufgefasst wurde. Der Kernpunkt der Kritik ist nun der, dass, da die Kategorien nicht auf's Unbedingte angewendet werden dürfen, es unstatthaft sei, die Seele als eine Substanz zu fassen. Denn von der Einheit des Subjects auf die Einheit der Seelensubstanz schliessen, sei ein Paralogismus. Wir haben nämlich die vier analytischen Sätze: 1., Ich bin Subject; 2., einfaches Subject; 3., ein und dasselbe numerisch identische Subject; 4., als denkend, ein von den Dingen ausser mir unterschiedenes Subject. Mache man daraus synthetische Sätze, indem man das Ich als Object betrachte und die Kategorien darauf anwende, so sei das Seelending 1., als Substanz, immateriell; 2., der Qualität nach, einfache, also incorruptible Substanz; 3., der Quantität nach eine numerisch-identische, persönliche Substanz; 4., der Modalität nach eine von dem Raume unabhängige geistige, also unsterbliche Substanz. Da wir nach Kant zu dieser Uebertragung von Erkenntnissen eines Gebietes auf ein anderes kein Recht haben, so müssen wir uns mit den Erscheinungen unseres Ich in uns, als eines Subjectes, begnügen, und nichts über das an sich seiende Wesen unseres Geistes, als einer Substanz, auszusagen wagen.

In der ersten Ausgabe der Kritik der reinen Vernunft bemerkt er noch hierüber, damit sei auch die schwierige Frage der Gemeinschaft der Seele mit einem organischen Körper gelöst. Denn Ausdehnung, Materie seien ja nur Vorstellungen in uns. Und sollten unserer Seele vor der Geburt oder nach dem Tode die Formen der Sinnlichkeit fehlen, so könnte sie als denkendes Subject immer noch das uns jetzt unbekannte Ding an sich erkennen, wie denn auch an einer andern Stelle dieser ersten Ausgabe die Vermuthung ausgesprochen wird, dass das Ding an sich und unser Ich ein und dasselbe denkende Wesen sei (s. oben, S. 22).

Die Erkenntniss dieser möglichen Identität nicht erst in einem möglichen vergangenen oder zukünftigen Leben für den Geist in Anspruch genommen, sondern als den absolut gegenwärtigen Zustand des Geistes behauptet zu haben, das ist der Standpunkt Hegels. Ja, die Prädicate: einfache, numerisch eine, immaterielle Substanz kommen dem Geiste nicht als einem Seelendinge, als einer unausgedehnten Substanz im Gegensatze zur ausgedehnten zu. Solche Kategorien sind nicht, wie Kant andeutet, etwa zu hoch, um auf unser Ich angewendet zu werden; sie sind vielmehr zu schlecht, zu niedrig, indem sie sich eben nur auf sinnliche, endliche Dinge beziehen. So hat uns Kant zwar von einem Seelendinge befreit, aber die positive Natur des Geistes als reine Thätigkeit nicht erkannt. Die Substanz des Geistes ist seine Thätigkeit selbst; und diese Thätigkeit ist höher, als seine vermeintliche ruhende Substantialität. Wenn daher Locke sagte, die Seele denke nicht immer, und richtig daraus die Möglichkeit erschloss, dass sie auch materiell sein könne, so sagte Cartesius im Gegentheil: Ich denke, also bin ich. Das Denken, die Thätigkeit ist allein die Substanz der Seele; die Seele ist nichts ausser ihrer Thätigkeit. Sagt man, sie muss ein Substrat als ihr Subject haben, das Denken setze ein Denkendes voraus, so wäre das Substrat nur das Gehirn, das aber nicht die wahre Substanz des Denkens ist; sondern diese Substanz ist nur das Denken selbst, das Gehirn aber seine blosse Grundlage. Damit hat Hegel wesentlich den speculativen Standpunkt der Aristotelischen Psychologie wieder hergestellt, die auch die Seele als die ursprüngliche Entelechie eines organischen Leibes fasste.

In der Frage nach der Gemeinschaft von Leib und Seele befriedigt Hegel weder die populare Ansicht, welche beide als absolute Gegensätze des Materiellen und des Immateriellen fasst, und dann ihre Einheit für unbegreiflich ansieht, noch die metaphysische Behauptung Descartes', Spinoza's, Malebranche's, Leibnitzens, dass Gott diese Einheit sei, weil dies nur ein abstracter Satz sei. In den Zusätzen zum Texte spricht er es bestimmt aus, dass die Einheit der Seele der Mannigfaltigkeit der Materie gegenüber eben die vollendete Idealität des Materiellen ist, die schon in der Naturphilosophie als Schwere, Licht, Form u. s. w. begann. „Das Materielle in seiner Besonderung hat keine Wahrheit, keine Selbstständigkeit gegen das Immaterielle, das übergreifende wahrhaft Allgemeine." So ist Hegel das von den Metaphysikern gesetzte Band der Einheit oder Gott concreter die Einheit des Denkens und des Seins, des Geistes und der Materie. Wenn Hegel dabei gegen den Materialismus polemisirt, so erkennt er doch sein begeisterungsvolles Streben an, aus dem Dualismus herauszugehen und die Zerreissung des ursprünglichen Einen aufzuheben. Wenn er es dann aber als einseitig tadelt, dass die Materialisten das Denken aus der Materie als eine Gehirnfunction erklären wollen, so ergänzt er diese Einseitigkeit zugleich durch den Satz, dass der Geist nicht durch ein Anderes hervorgebracht wird, sondern dasjenige, von welchem er gesetzt sein soll, zu einem von ihm Gesetzten macht.

So hat denn Hegels ganze Darstellung in den einzelnen Stufen des Geistes keine andere Bedeutung, als diese durch ein Andres gesetzte Bestimmtheit des Geistes, dieses Herkommen des Geistes von der Natur, als Seele in der Anthropologie, aufzuheben, um sich im Gipfel der Psychologie als das durch sich selbst Gesetzte, als das Sichselbstbestimmende, kurz als Freiheit zu setzen. In der Anthropologie zeigt der Geist, sich der Natur entwindend, seine Totalität zunächst nur im Aussereinander der räumlichen Unterschiede der Racen, dann der zeitlichen Succession der Lebensalter, geht durch den Geschlechtsunterschied, den Unterschied des Schlafens und Wachens zur Totalität des natürlichen Charakters in den Temperamenten, den Anlagen, Talenten u. s. w. bis dazu fort, sich in der Gewohnheit, der Physiognomik und der Geberde den Leib zum Ausdruck seiner Thätigkeit zu machen. Zweitens zum Bewusstsein seiner selbst gekommen, sieht der Geist sich der Natur gegenüber gestellt, um in der Empfindung, dem Vorstellen, dem Denken sie sich theoretisch immer mehr anzueignen, bis er praktisch, sich zum Maasstab der Dinge machend, als Trieb, Willkür und Freiheit, endlich als vernünftiger Wille sie sich unterwirft. Aus der Freiheit erbaut er dann eine zweite Welt, eine Welt des Geistes, die aus seinem Innern mit Bewusstsein, wie die erste, die Natur, bewusstlos aus der logischen Idee hervorging. So kommen wir auf Hegels Bedeutung für den Staat und die gesammte praktische Philosophie.

II. Hegels Bedeutung für den Staat.

Dass die dialektischen, überhaupt theoretischen Principien der Hegel'schen Philosophie für die Praxis und das bürgerliche Leben nicht unfruchtbar gewesen, brauchte nicht erst Cieszkowski durch seine Philosophie der That, als eine Consequenz der Hegel'schen Principien, zu beweisen. Das Erscheinen der Rechtsphilosophie 1821 hat dies bereits in's klarste Licht gestellt. Dieses Werk bildet die Mitte und den höchsten Glanzpunkt seiner politischen Ansichten, während die Abhandlung: „Ueber die wissenschaftlichen Behandlungsarten des Naturrechtes" 1802—1803, und die erste Ausgabe der „Encyclopädie der philosophischen Wissenschaften" 1817 die Rechtsphilosophie noch aus dem antiken Standpunkte herauszuringen suchen, die zweite und dritte Ausgabe der Encyclopädie 1827 und 1830 eine, man darf es nicht verhehlen, Accommodation an die in höheren Regionen herrschenden Ansichten, ein Nachgeben gegen die reactionäre Politik der Regierungen in den Restaurationsjahren, zu erkennen geben. Mit grossem Unrecht sieht Haym darin eine absichtliche Accommodation. Hegel hatte eben in seiner letzten Zeit die Energie seiner Jugendansichten verloren, die ihn, wie man weiss, zum begeistertsten Verehrer der Französischen Revolution von 1789 machten, während ihm die gemässigtere von 1830 schon viel zu weit zu gehen schien. In der ersten Abhandlung geht Hegel sogar in so fern bis Plato zurück, als, wenn er die Stände des physischen Bedürfnisses als unfreie bezeichnet, die nur relative Sittlichkeit haben, sich ihm die Stände der absoluten Sittlichkeit theils auf negative Weise als Stand der Tapferkeit darstellen, welcher das Ganze der sittlichen Organisation erhält, theils positiv als der Stand der Freien, welcher die lebendige Bewegung und der Selbstgenuss des Ganzen ist, indem er die Thätigkeit für die allgemeinen Interessen ausübt. Der Verein aller Stände ist ihm aber die Darstellung des sittlichen Volkslebens im Staat, wodurch die Individuen zur Einheit mit ihrem Wesen und ihrer Substanz gebracht werden.

Ebenso heisst es in der ersten Ausgabe der Encyclopädie, dass in der Regierung, als dem allgemeinen Stande, im Gegensatz zum Extrem der Einzelheit und Willkür des Privat-Interesses, der sittliche Geist sich als das Vertrauen des Individuums zu seinem substantiellen Sein, zur Wirklichkeit der Substanz darstellt, und so der allgemeine Wille bethätigt wird. Die Verfassung enthält die Bestimmungen, auf welche Weise der vernünftige Wille, insofern er nur an sich der allgemeine der Individuen ist, verstanden und gefunden, durch die Wirksamkeit der Regierung und ihrer besondern Zweige erhalten und gegen die zufällige Individualität geschützt werde. Was aber die Momente der Verfassung seien, damit ein Volk frei sei, wird hier noch nicht weiter ausgeführt.

Ganz im Gegensatz zu dieser naiven Reproduction der griechischen Sittlichkeit, die freilich auch noch nicht den Bedürfnissen der modernen Freiheit genügen kann, sehen wir nun in der zweiten und dritten Auflage der Encyclopädie, die beide im Wesentlichen auf demselben Standpunkte stehen, wie sie denn auch in der Zeit sehr nahe auf einander gefolgt sind, offenbar das conservative Bestreben, die Ausschreitungen des sogenannten „modernen Liberalismus," die im dritten Decennium unseres Jahrhunderts immer mehr erstarkten, auszuschneiden und niederzudrücken. Ist dieses Hinneigen zur gouvernementalen Politik auch durch äussere Umstände veranlasst, so ist darum doch noch nicht der Vorwurf Haymns gerechtfertigt, dass Hegels Philosophie in diesem Falle, wie überhaupt, nur ein Anschmiegen an Zeitströmungen sei. Es haben Angriffe von entgegengesetzter Seite ihn getroffen, denen er nicht immer kräftigen Widerstand zu leisten im Stande war. Der Satz der Vorrede des Naturrechts: „Was vernünftig ist, das ist wirklich; und was wirklich ist, das ist vernünftig," hatte die süddeutschen Liberalen dazu veranlasst, Hegel des Servilismus zu beschuldigen, indem sie sagten, Hegel halte den Absolutismus in Preussen für vernünftig, weil er doch wirklich sei. Wobei seine Anschwärzer vergassen, dass er im Naturrecht selber die constitutionelle Monarchie, die Pressfreiheit, die Geschwornengerichte als die vernünftige Idee der Freiheit ausgesprochen hatte. Und von der andern Seite sah die Regierung, die an seine Berufung vielleicht die Hoffnung einer Stütze gegen den „falschen Liberalismus" geknüpft hatte, sich nun bei Erscheinen seines Naturrechts getäuscht, indem er Dinge als vernünftig forderte, welche sie selber dem Volke als Hirngespinnste in Wirklichkeit nicht zu gewähren entschlossen war.

Doch wie es sich auch mit diesen äussern Einflüssen verhalten haben möge, es leidet keinen Zweifel, dass Hegel eigentlich die idealen Forderungen, die er im Naturrecht als Philosoph an das Gegebene stellte, wie mässig dieselben auch immer waren, später aufgab, und offenbar der gemeinen Wirklichkeit Rechnung trug, während er, als er schrieb: „Was vernünftig ist, das ist wirklich," die Idee als die Kraft behauptete, sich im Laufe der Zeit auch die etwa noch fehlende Wirklichkeit zu verschaffen. Kurz, er legte zuletzt einen noch grösseren Accent auf das monarchische Princip, als immerhin auch schon in der Rechtsphilosophie sichtbar ist. Er sagt: „Die lebendige Totalität, die Erhaltung, d. h. die fortdauernde Verwirklichung des Staates überhaupt und seiner Verfassung ist die Regierung," während doch im Selfgovernment dem Volke dies mit zukommt, und es in der lebendigen Totalität eine Stelle einnehmen muss. Aber freilich Hegel werden die drei Gewalten, die bei Aristoteles, Montesquieu und in seinem Naturrecht noch vorkommen, zuletzt zu einer blossen Theilung der Regierung; und an die Stelle des Ausdruckes der Gewalt ist überwiegend der des „Geschäftes" getreten. Die fürstliche Regierungsgewalt vornehmlich wurde ihm dabei „der Alles haltende, beschliessende Wille des Staates, die höchste Spitze desselben, wie die Alles durchdringende Einheit". In der besondern Regierungsgewalt thut sich dann die Theilung des Staatsgeschäfts in seine sonst bestimmten Zweige hervor; wodurch die Theilnahme Mehrerer an dem Staatsgeschäfte, welche den allgemeinen Stand ausmachen, bedingt ist. Endlich: „Die ständische Behörde betrifft eine Theilnahme aller Solcher, welche der bürgerlichen Gesellschaft überhaupt angehören und insofern Privatpersonen sind, an der Regierungsgewalt, — und zwar näher an der Gesetzgebung. So können die subjective Freiheit und Einbildung und deren allgemeine Meinung sich in einer existirenden Wirklichkeit zeigen, und die Befriedigung, etwas zu gelten, geniessen." Man kann nicht klarer den von vielen Regierungen gepflegten Scheinconstitutionalismus darstellen.

Von dem Ideale einer constitutionellen Monarchie, das Hegel noch im Naturrechte vorgeschwebt, spricht er daher in den zwei letzten Ausgaben der Encyclopädie ziemlich geringschätzend. „Sogar der Feudal-Monarchie" sagt er, „kann der beliebte Name constitutionelle Monarchie nicht versagt werden." Die Theilung der Gewalten möchte er wohl im Principe noch zugeben, als die entwickelte Freiheit der Momente der Idee. Aber sogleich will er diese Theilung in die ideale Einheit der Subjectivität zurückgeführt wissen, welche als Wirklichkeit allein die Individualität des Monarchen sei. Das nennt er die wahrhafte Monarchie. „Das Geschäft des Gesetzgebers aber zur selbstständigen Gewalt, und zwar zur ersten mit der nähern Bestimmung der Theilnahme Aller daran, und die Regierungsgewalt zur davon abhängigen, nur ausführenden zu machen, — dies setzt den Mangel der Erkenntniss voraus" u. s. w., während die Neuzeit doch allein in diesen von Hegel verschmähten und geschmähten Forderungen die wahre Freiheit einer Nation erkennen kann. „Ständeversammlungen", setzt Hegel überdies hinzu, „sind schon mit Unrecht als die gesetzgebende Gewalt in der Rücksicht bezeichnet worden, als sie nur einen Zweig dieser Gewalt ausmachen, an dem die besonderen Regierungsbehörden wesentlichen Antheil und die fürstliche Gewalt den absoluten der schliesslichen Entscheidung hat." Also das absolute Veto! Ja er führt sogar die grössere Theilnahme, Macht und Einfluss der Privatpersonen auf die Staatsgeschäfte, weil sie ihre Sonderinteressen herauskehren, als einen Grund des Rückschritts an dem Beispiele Englands an, „dessen Verfassung darum als die freieste angesehen wird," während die Erfahrung nothwendig zeige, dass „die objective Freiheit, d. h. das vernünftige Recht, vielmehr der formellen Freiheit aufgeopfert ist". Hegel verwirft sogar „den hochklingenden Namen" des Steuerbewilligungsrechts, indem das Finanzgesetz wesentlich eine Regierungsmaassregel sei, und am Budget nur der kleinste Theil des Betrags disputabel und einer veränderlichen, jährlichen Bestimmung unterworfen sein könne; — die so sehr von manchen Regierungen gewünschte Bestimmung, dass „der Haupttheil des Bedarfs als bleibender Stamm angesehen würde".

Ueber die Geschwornen heisst es sogar: Die Institution der „sogenannten Geschwornengerichte" beruhe doch mehr auf unwesentlichen Rücksichten, abstrahire von der Bedingung des Eingeständnisses, und enthalte daher „die (eigentlich barbarischen Zeiten angehörige) Vermengung und Verwechslung von objectiven Beweisen und von subjectiver sogenannter moralischer Ueberzeugung". Was hätte Hegel gesagt, wenn er noch erlebt hätte, dass sogar dem Preussischen gelehrten Richter selbst diese „barbarische Vermengung" eingeräumt wurde? Auch von der Pressfreiheit und den sonstigen Palladien der Freiheit im Naturrechte ist in dieser letzten Gestalt der praktischen Philosophie Hegels nichts übrig geblieben.

Wenden wir uns nun zum Geiste seiner Rechtsphilosophie, wie er sie in der Manneskraft seines Gedankensystems aufgestellt hat. Hier baut sich uns das Gebäude des praktischen Geistes, das System des Rechts und des Staats ganz aus dem Metalle der Freiheit auf. Wenn in ihr die individuelle und die substantielle Seite unterschieden werden muss, und Hegel als Philosoph die Wahrheit natürlich nur in der Einheit der Gegensätze erblicken kann: so ist doch nicht zu leugnen, dass der Factor des Allgemeinen ein kleines Uebergewicht über den der Einzelheit hat. Daher fliesst die immer schon, wenn auch nicht in dem Maasse, wie später, vorhandene Furcht, dem Individuum einen zu grossen Antheil an der Bildung der Staatsidee zu lassen. In diesem Sinne eifert er gegen Fries, und nennt es eine Seichtigkeit, wenn derselbe behauptet, „in einem Volke, in welchem echter Gemeingeist herrsche, würde jedem Geschäfte der öffentlichen Angelegenheiten das Leben von Unten aus dem Volke kommen, würden jedem einzelnen Werke der Volksbildung und des volksthümlichen Dienstes sich lebendige Gesellschaften weihen, durch die heilige Kette der Freundschaft unverbrüchlich vereinigt". Hegel nennt dies „und dergleichen" — „den Brei des Herzens, der Freundschaft und Begeisterung"; was doch die Jetztzeit in der freiwilligen Association, freilich ohne Herzensbrei, als das wahre Princip der Selbstregierung anstrebt.

Was den Ausdruck Volkssouveränetät betrifft, so bekämpft er ihn aus demselben Grunde als einen „verworrenen Gedanken" der „neuern Zeiten," — „dem die wüste Vorstellung des Volks zu Grunde liegt". Das Volk, ohne die Gliederung des Ganzen genommen, sei eine formlose Masse. Er will daher nichts von ihr „im Gegensatze gegen die im Monarchen existirende Souveränetät" wissen; und zieht den Ausdruck „Staatssouveränetät" vor, in dem Sinne, dass die besondern Geschäfte und Gewalten des Staates in der Einheit des Staates als ihrem einfachen Selbst ihre letzte Wurzel haben". Wenn er aber auch hier den Monarchen als dieses einfache Selbst bezeichnet, so meint er doch in einem aus dem mündlichen Vortrage geflossenen Zusatze, dass, wenn man es als widersinnig behaupte, der Zufälligkeit der Bildung des Monarchen und seines besondern

Charakters die letzte Entscheidung zu überlassen, im Gegentheil die Spitze formellen Entscheidens meist den Inhalt, bei vollendeter Organisation des Staates, schon als einen gegebenen erhalte, so dass dem Monarchen nur die Unterschrift verbleibe. Indem er sich dabei des Vergleiches bediente, der Monarch sei der Punkt aufs *i*, so hat man dies wieder in der Stadt herumgetragen, und bei König Friedrich Wilhelm III. Hegel deswegen angeschwärzt. Diesen Hinterträgern antwortete aber der König in seinem geraden Rechtssinn, der Punkt sei ja dem *i* nothwendig, um es zu dem zu machen, was es sei. Der König war an sich ein echt constitutioneller Monarch. Kommt Hegel dann in der Definition des Staats sogar bis zu einer Art göttlichen Rechtes, so versteht er doch das Göttliche im Staate nur als die substantielle Einheit aller Momente des Staats, in welcher die Willkür und Zufälligkeit des Einzelnen, also auch des Fürsten, aufgehoben ist.

Was nun das Einzelne betrifft, so ist jede Stufe des Rechts eine Darstellung des Willens, des vernünftigen Willens, der Freiheit. So ist das Eigenthum diese erste unmittelbare, aber unumschränkte Darstellung der freien Disposition einer Person über eine Sache. Im Vertrage ist diese Freiheit durch die Uebereinkunft mit einer andern Person gesetzt. In der Strafe ist es die eigene Vernunft des Verbrechers, welche durch die Negation seiner Willkür den freien Willen in ihm zur Darstellung bringt. Der moralische Standpunkt bildet die Entwickelung der subjectiven Freiheit, der Gesinnung des Guten als Tugend, Pflicht und Gewissen. In der Familie sind es freie Personen, die durch die Innerlichkeit der Gesinnung sich in einer sittlichen Sache, in einem geistigen Verhältnisse als Eins wissen. Während die bürgerliche Gesellschaft die Befriedigung der Bedürfnisse der Familien durch die Theilung der Arbeit in dem Berufe der frei gewählten Stände, durch die freie Concurrenz, durch die Freiheit des Verkehrs und des Handels, durch die Freiheit des Umzugs u. s. w. gewährleistet, bildet der Staat den höchsten Gipfel der freien Entfaltung einer Nation, deren Politik darin bestehen soll, die sittliche Aufgabe, welche der Weltgeist ihr in der Weltgeschichte angewiesen, mit ihrer freien Selbstentschliessung durchzuführen. Die wahre Repräsentativverfassung, als worin die Factoren des Volksgeistes in ungehinderter Thätigkeit wirken und zu Einem Ziele wirken, durch ihre selbstständige Haltung sowohl, als durch ihre substantielle Einheit, sieht Hegel nun in der constitutionellen Monarchie, als dem letzten Producte der weltgeschichtlichen Entwickelung. Die drei Momente der Totalität der Idee des Staats parallelisirt er dann mit den drei Momenten des logischen Begriffs: Einzelheit, Besonderheit und Allgemeinheit. Die gesetzgebende Gewalt findet die allgemeine Norm des Staatslebens im Gesetze; die Regierungsgewalt subsumirt die besonderen Fälle der verschiedenen Sphären der bürgerlichen Gesellschaft unter das Gesetz. Der Fürst ist die letzte Spitze der Entscheidung im Einzelnen. Hier ist Montesquieu's Theorie und Englands Praxis Hegels Vorbild, und er umgiebt seinen freien Staat mit allen den Garantien, welche die moderne Freiheit für nöthig erachtet. Geschwornengerichte, Pressfreiheit, Oeffentlichkeit der Rechtspflege und der Parlamente u. s. w. Die gesetzgebende Gewalt entspringt ihm freilich noch, wie in der Feudalmonarchie, aus den Ständen der bürgerlichen Gesellschaft, nicht aus dem allgemeinen Stimmrecht. Daher will er eine stabile erbliche, und eine gewählte bewegliche Kammer. Und der Fürst, die Einzelheit, bleibt ihm die Grundlage des Ganzen; weshalb er auch mit der fürstlichen Gewalt beginnt und sie wegen ihrer Einzelheit zu einer natürlichen, erblichen macht. Hat Hegel hier auch noch nicht die höchste Idee der politischen Freiheit erreicht, so hat er doch das Ideal seiner Zeit ohne Menschenfurcht und äussere Rücksichten der Mitwelt hingestellt. — In der Philosophie der Weltgeschichte hat er aber das Panorama der Freiheit aufgerollt, indem er das Menschengeschlecht in ihr allmälig zum immer mehr erstarkten Bewusstsein der Freiheit, zur stets weiter sich entfaltenden Verwirklichung dieser Idee hinführt.

III. Hegels Bedeutung für die Religion.

Hegel theilt mit Schleiermacher das Loos, dass Beide, aufgetreten in einer Zeit, wo die Aufklärung oder die Nachklänge derselben die Religion antasteten und bei den Gebildeten verächtlich machten, dieselbe wieder zu Ehren bringen wollten, Beide indessen für ihren guten Willen, für ihr redliches Streben von der religiösen Reaction hinterher verketzert wurden, als dieser der Kamm schwoll, weil sie sich durch die Stütze solcher Männer weit über ihre kühnsten Hoffnungen hinaus gehoben sah. Doch gehen Beide dabei von einem ganz entgegengesetzten Standpunkte aus: der Theologe von der mystischen Orthodoxie der Herrnhuter Gemeinde, der Philosoph von dem Rationalismus der Weltweisheit seiner Zeit. Schleiermacher stimmte sein ganzes Leben am Saitenspiel seines Glaubens, um ihm bei der Philosophie Eingang zu verschaffen, ihn nachgiebig gegen sie, so wie diese gegen ihn, zu machen. Hegel wollte die Philosophie dahin bringen, den Glauben, den sie bekämpfte, anzuerkennen als ein Spiegelbild ihrer selbst. Wenn unmittelbar vor Hegel, wie er selber sagt, Kants Versuch in seinem Werke: „Die Religion innerhalb der Grenzen der Vernunft", die Glaubenssätze mit einer Bedeutung aus seiner Philosophie zu beleben, „nicht desswegen kein Glück machte, weil der eigenthümliche Sinn jener Formen dadurch verändert würde, sondern weil dieselben auch dieser Ehre nicht mehr werth schienen": so ist Hegel vielmehr diese idealistische Auffassung, diese Umdeutung der blos positiven Formeln des Glaubens in speculative Gedanken gelungen. Und die rechte Seite der Hegel'schen Schule, Hinrichs, Göschel, Gabler, v. Henning, sie glaubten nun eine Philosophie gefunden zu haben, durch die sie die verwickelten Sätze der Dogmatik, bis auf die unbefleckte Empfängniss Christi durch die Jungfrau, dialektisch beweisen könnten. Sie bedienten sich dabei des Satzes, dass der Inhalt der Religion nicht leide, noch verändert werde dadurch, dass er aus der Form der Vorstellung in die Form des speculativen Gedankens umgesetzt würde; er bleibe derselbe. So konnte David Strauss von der Zeit, wo diese Ansicht in der Schule herrschte, ausrufen, dass die Zeiten der Scholastik zurückgekehrt zu sein schienen, dass Religion und Philosophie so freundlich Hand in Hand mit einander gingen, als wenn die Lämmer bei den Pardeln schliefen.

Schon Rosenkranz träufelte in diese glücklich wiedergewonnene süsse Harmonie einige starke Wermuthstropfen des Zweifels. Wenn er auch unwankend an der Einzigkeit der Sohnschaft Christi, an „der Absolutheit der Erscheinung, als dieses einzelnen Menschen festhielt, so gab er doch zu, dass solche Vorstellungen, wie unbefleckte Empfängniss, Vaterschaft Gottes, für die Philosophie keinen Sinn hätten. Er wollte sich aber nicht zu dem Resultat der linken Seite der Schule erheben, dass mit der Form der Vorstellung auch der Inhalt des religiösen Dogma sich ändere; wo dann Cieszkowski gegen mich in den Vorwurf ausbrach, der Glaubenssatz sei damit nur noch eine Namenstaufe oder, wie Andere sich ausdrückten, das Christenthum werde zu einer wächsernen Nase, die man beliebig drehen könne.

Wie verhält sich nun Hegel zu diesen Gegensätzen, die zu seinen Lebzeiten gar nicht hervorgetreten waren, und die er also noch gar nicht zu versöhnen brauchte, weil er sie gar nicht als zwiespältig in seinem Geiste dachte? Hätte er absichtlich in den Formen des Glaubens gesprochen, und den speculativen Gedanken mit Bewusstsein als ein Anderes, dem Glauben Fremdes in sich gefunden, so läge darin allerdings eine kleine Heuchelei, von der wir ihn freisprechen müssen. Mit voller Aufrichtigkeit sah er die speculativen Resultate seiner Philosophie in den Glauben hinein, nicht anders als wie ihm auch die Thatsachen der Natur nur im Lichte der Idee und der Wahrheit erschienen. Der Geist, führt er von Christus an, wird bei Euch sein, bis an der Welt Ende, und Euch in alle Wahrheit leiten. Die Philosophie ist also die Wahrheit des Glaubens, die philosophische Auslegung des Dogma's das wahre, das neue Christenthum. Als man daher wiederum in der Stadt seine Polemik gegen die katholische Abendmahlslehre herumgetragen hatte, dass — bei diesem Stehenbleiben des Katholicismus im rein Thatsächlichen — in den Excrementen einer Maus, welche eine geweihte Hostie gefressen habe, der Leib des Herrn enthalten sei, musste er sich gegen die Regierung in einer Denkschrift förmlich vertheidigen. In seinen Vorlesungen aber sagte er, im Gegensatz zu Steffens, der ein Buch geschrieben hatte: „Wie ich wieder Lutheraner wurde", nämlich als von der Ketzerei der Schellingschen Naturphilosophie zurückgekommen: „Ich bin Lutheraner und will Lutheraner bleiben". Denn im Lutherthum ist der Leib Christi nicht als Thatsache in der Hostie, sondern nur durch die Thätigkeit des gläubigen Gemüths *in, cum et sub pane*.

Dass Hegel die doppelte Auslegung, aber ebenso die absolute Harmonie dieses Doppelsinnes gekannt hat, beweisen eine Menge Stellen, deren Sinn der ist, dass das, was der Geist thut, kein blosses Geschehen ist, dass Christus wohl vorgestellt wird, als dieser unmittelbar einzelne Mensch der gegenwärtige Gott zu sein. Das Wahrhafte und Substantielle dieser Geschichte sei aber, dass das einzelne Selbstbewusstsein in der Gemeinde täglich stirbt und aufersteht, die Besonderheit in die Allgemeinheit des absoluten Geistes sich erhebt und sich mit diesem seinem Wesen versöhnt weiss. Es sei die Weise der Vorstellung, die Geschichte Christi für etwas vollkommen Geschichtliches zu nehmen. Aber dergleichen habe auch noch eine andere Seite: eine absolut göttliche Handlung, was Gegenstand der Vernunft ist. Was diese vernünftige Auffassung der religiösen Bilder oder Symbole oder Mythen sei, will ich nun an Hegels Auffassung dreier Dogmen in der Kürze zeigen, nämlich der Persönlichkeit Gottes, der Christologie und der Unsterblichkeit der Seele, welche eben von der rechten Seite im Sinne der Orthodoxie genommen werden, indem sie sich daran hält, dass in der Philosophie der Inhalt der Religion nicht verloren gehe. Und wenn sie dabei den Sinn Hegels getroffen zu haben meint: so ist doch nicht zu verkennen, dass, während er diesen Inhalt von der Form der Vorstellung befreien will, die rechte Seite mit der Orthodoxie eben das, was Hegel und die linke der Form der Vorstellung zuschreiben, für den ewigen Inhalt der Vernunft hält.

Wenn also Hegel zuerst von der Persönlichkeit des Absoluten spricht, so ist er freilich wieder verschiedentlich verstanden worden. Selbst Rosenkranz nimmt an, Hegel habe eine jenseitige Persönlichkeit Gottes behauptet, und sagt mit Gabler, dass, wenn dies nicht Hegelsche Philosophie sei, auch er von ihr abweichen müsste. Nun sagt Hegel in der Phänomenologie, das Absolute sei nicht nur Substanz, sondern ebenso sehr Subject. In der Logik spricht er von der höchsten zugeschärftesten Spitze der reinen Persönlichkeit, „die allein durch die absolute Dialektik, die ihre Natur ist, ebenso sehr Alles in sich befasst und hält, wie sie sich zum Freiesten macht, — zur Einfachheit, welche die erste Unmittelbarkeit und Allgemeinheit ist". Und in dem unmittelbar vorhergehenden Satze nennt er das Reichste „das Concreteste und Subjectivste, und das sich in die einfachste Tiefe Zurücknehmende das Mächtigste und Uebergreifendste". Diese über die Objectivität, die Welt, übergreifende Subjectivität soll, wie auch Schelling es verstand, eine transcendente Persönlichkeit Gottes sein. Man muss aber die ganze Philosophie Hegels verkennen, wenn man nicht einsieht, dass die Negation der empirischen Einzelheiten, die sich in der absoluten Einzelheit als versöhnte, auferstandene, wiedergeborene wissen, eben die Existenz der absoluten Substanz in ihnen dialektisch erzeugt. Dieser Prozess des Umschlagens der empirischen Subjecte in die übergreifende Subjectivität des Absoluten wird an der Geschichte Christi vorstellig gemacht und der historische Christus in die Lehre von der ewigen Menschwerdung Gottes übergeführt. Ebenso ist Hegel die Unsterblichkeit der Seele nicht blos diese negative Lehre des Nichtaufhörens der Seele in der unendlichen

Dauer der Zeiten, sondern er fasst sie als die Ewigkeit des Geistes, der eben in der Negation der Einzelnen das substantielle Wesen derselben aufbewahrt.

So ist der jetzige Standpunkt des religiösen Bewusstseins rein durch die Hegelsche Einwirkung dahin zu formuliren, dass, wenn wir nicht im atheistischen Materialismus jede Spur eines religiösen Gefühls mit Stumpf und Stiel ausrotten wollen, noch umgekehrt im verknöcherten, gewaltsam und krampfhaft sich am Gegebenen festhaltenden Orthodoxismus der Heuchelei anheimfallen wollen, nichts übrig bleibt, als die Gemeinde der Philosophirenden, welche das Christenthum, das neue Christenthum, das Christenthum des 19. Jahrhunderts dadurch am meisten ehren und wieder zu Ehren bringen wird — gegen seine Verächter sowohl, als seine falschen Freunde —, dass wir in den ehrwürdigen Symbolen, wie sie unsere Väter anbeteten, die tiefsten Gedanken der Wahrheit eingehüllt behaupten.

So hat Hegel in der Philosophie kraft der dialektischen Methode das System aus der ganzen Geschichte unwiderleglich construit; im Staat die gemässigte Freiheit der Repräsentativ-Verfassung zum Gegenstand des Bestrebens der Menschheit gemacht; in der Religion endlich die vernünftige Befriedigung der Sehnsucht aller Menschen nach dem Höchsten ermöglicht. Das sind die Verdienste dieses Heros der Wissenschaft, der der Menschheit Jahrtausende, wie Aristoteles, leuchten wird.

Antitrendelenburg.

Eine Duplik (2. Auflage: Gegenschrift) von Kuno Fischer. 1870.

M. h. H. Indem ich in unserer letzten Sitzung ankündigte, dass ich Ihnen einen Bericht über den literarischen Streit zwischen Kuno Fischer und Trendelenburg abstatten würde, habe ich sogleich bemerkt, dass dies kein blosser Streit zwischen zwei philosophischen Persönlichkeiten sei, so persönlich er auch von Einer Seite mitunter geführt worden, sondern ein die Sache der Philosophie im höchsten Grade betreffender, der sich durch 30 bis 40 Jahre hindurchzieht und in diesem neuesten Schriftwechsel den Gipfelpunkt erreicht zu haben scheint. Um Ihnen dies recht anschaulich zu machen, muss ich etwas weiter ausholen.

Als nach den Befreiungskriegen, welche den Sturz Napoleons herbeiführten, die politische Restauration in Frankreich stattfand, da sollte auch die religiöse und wissenschaftliche damit eingeleitet werden. Hegel selbst hatte sich in seiner berühmten Antrittsrede in Heidelberg 1816 zu Gunsten dieses politischen Umschwungs ausgesprochen, freilich nur in dem Sinne, dass durch denselben die Nationalität Deutschlands gewahrt, und dieses Land sich nun seiner Aufgabe, das heilige Feuer der Wissenschaft zu pflegen, ungestört hingeben könne. Kant hatte in revolutionärem Kriticismus die Deutschen ihrer Metaphysik beraubt. Erschüttert rief Hegel Dem gegenüber aus: Es habe ein Volk sich plötzlich ohne Metaphysik, sein Allerheiligstes, befunden. So restaurirte er diese Wissenschaft, und noch dazu mit Logik. Genug, um auf ihn das Anathema des Scholasticismus zu schleudern!

Darauf erschien sein Aufsatz gegen die Würtembergischen Stände, worin er, wohlverstanden, eine freisinnige Regierung gegen reactionäre Feudalstände vertheidigte. Man sagt, dies sei einer der Gründe gewesen, weshalb die Preussische Regierung ihn nach Berlin berief, weil er doch immerhin einer Regierung gegen die Volksvertretung Recht gab. Wie dem auch sei, Hegel zeigte sich in Berlin der politischen Restauration günstig, und liess nichts auf die damalige Preussische Politik kommen.

Die lange Zeit verschmähten christlichen Dogmen endlich brachte er, indem er ihnen metaphysische Stützen unterschob, wieder zu einigem Ansehen; so dass Strauss behaupten durfte, zwischen Philosophie und Religion sei dadurch ein Bündniss geschlossen worden, wie wenn die Lämmer bei den Pardeln schliefen. So wollte z. B. v. Henning die unbefleckte Empfängniss Christi auf dialektischem Wege beweisen.

Die erste Störung dieses schönen Friedens zwischen Staat, Religion und Philosophie, die man sogar die Preussische Hofphilosophie nannte, trat mit dem Erscheinen der Hegel'schen Rechtsphilosophie ein. Die constitutionelle Monarchie wurde in einem absoluten Staate offen als das Ideal einer Verfassung proklamirt. Mit der Juli-Revolution wurde der Bruch offenbar; und ein Jahr nach ihr ist Hegel, mit Verdruss über dieselbe, heimgegangen. Hatte er es doch selbst noch erleben müssen, dass aus seiner Lehre zu weit für ihn vorgeschrittene Standpunkte in Philosophie, Religion und Politik hervorgingen: Gans, Feuerbach, Strauss, Ruge, und wenn ich mich dazu rechnen darf. Wenigstens wurden wir drei Letzten von Leo in Halle mit Robespierre, Marat und Danton in einer vollständigen Denunciation an die Preussische Regierung verglichen.

Hegels Tod hatte nicht die besänftigende Kraft, welche der Tod sonst auszuüben pflegt, gehabt. Man würdigt einen Todten gewöhnlich ruhiger, bedächtiger, unparteiischer. Nachdem im Kampfe des Lebens die Schranke des Individuums und seiner Ansichten von seinem Gegner aufgezeigt worden, erfreut man sich im Todten an seiner positiven Seite, an seinem bleibenden Verdienste. Hegels Schicksal war ein anderes. Plato wurde von Aristoteles, Fichte von Schelling, Schelling von Hegel schon bei ihren Lebzeiten widerlegt. Wo waren aber die Füsse derer, die Hegel hinaustragen sollten? Sie stellten sich nicht einmal nach seinem Tode ein. Im Gegentheil. Eine Drachensaat von fortschrittsdurstigen Jüngern war aus seiner Lehre entsprossen; und sie sahen sich gerade für die wahre Consequenz derselben an, während die rechte Seite der Schule, ein Göschel, ein Gabler, zum Theil auch Rosenkranz, die im Fahrwasser der alten Restauration verblieben, auch von den Gegnern Hegels für die ihn missverstehenden Anhänger gehalten wurden, ohne darum, wir werden sogleich den Grund hiervon sehen, der Anfeindung jener Gegner entgangen zu sein.

Von nun an trat ein vollständiger Rückschlag im Verhältniss des Staats zur Philosophie ein. Schon Gabler beklagte sich, dass die Hegel'sche Philosophie von Oben her geächtet worden. Aber die Regierung als solche konnte doch nicht gegen eine Richtung der Wissenschaft einschreiten. Es musste eine Philosophie gefunden werden, welche mit den Waffen der Wissenschaft diese Schlangenbrut der Hegel'schen Philosophie vertilgen sollte. Die Person, welcher diese Aufgabe zufiel, war Trendelenburg, von dem ich mithin auch hier allein, als von dem Repräsentanten der ganzen Gattung, spreche, die sich seitdem in unzähligen Exemplaren ausgebreitet hat, und seinen Werth weit über das verdiente Maass erhebt. Noch Altenstein selbst, der Förderer der Hegel'schen Philosophie, der auch Gabler als Hegels Nachfolger berufen hatte, erhob Trendelenburg vom Erzieher der Kinder seines. Schwagers, des General-Postmeisters v. Nagler, sogleich zum Universitätsprofessor. Zufällige Umstände gaben ihm eine Centralstellung in der Philosophie am hauptsächlichsten Sitze der Wirksamkeit Hegels: frommer, theologischer Beistand, grosse administrative Begünstigungen, sein eigenes Talent der Darstellung bei sonst sehr dürftigem Inhalt. Und es ereignete sich, worüber Gabler weiter sich beschwerte, dass Trendelenburg der geächteten Philosophie „nun auch auf philosophischem Wege den Gnadenstoss geben wollte."

Welches war nun dieser philosophische Weg? Alle nach Hegel gekommenen Philosophen, die ein neues System aufgestellt zu haben meinten: Krause, Herbart, Schopenhauer u. s. w., waren nicht im Stande gewesen, das Hegel'sche System zu stürzen. Und doch kann man ein System nur durch ein anderes verdrängen. Da solches siegreiches nun unter den neuern nicht aufzutreiben war, so griff man zu einem verzweifelten Mittel. Man holte sich verrostete Waffen aus der Rüstkammer der Vergangenheit, und glaubte damit das scharf schneidende Schwert der Hegel'schen Dialektik stumpf machen zu können. Der Kriticismus Kants, der vortrefflich war, die einseitigen Systeme vor ihm lahm zu legen, sollte dazu verwendet werden, die aus ihm selbst hervorgegangenen, von ihm sogar am Ende der Kritik der reinen Vernunft vorherverkündeten Systeme der Metaphysik zu beseitigen. Welche Kurzsichtigkeit! Wenn man nicht selbst durch Bessermachen widerlegen kann, wenn man für seine eigene Ueberzeugung nichts als den religiösen Glauben und in der Philosophie nur historische Kenntnisse besitzt, dann ist es freilich das Leichteste, wiewohl nicht das Beste, auf den Ursprung der Deutschen Philosophie zurückzugreifen, sich an diesen bahnbrechenden Heros anzulehnen, — um die Bahn, die er gebrochen hat, wieder abzubrechen, die Geschichte rückwärts zu construiren, und ihre Zukunft durch ihre Vergangenheit zu stauen. Eitles Unternehmen!

Diese Erscheinung hängt übrigens mit einer viel allgemeinern Thatsache zusammen, die sich in der Geschichte der neuesten Deutschen Philosophie öfters wiederholte. Sobald nämlich aus den negativen Grundlegungen Kants eine positive Speculation hervorgegangen war, gab es immer Nachzügler, die, diesem Fortschritt des philosophischen Geistes zu folgen unfähig oder von ihm wieder abgefallen, rückwärts zum Glauben oder zum Kriticismus ihre Zuflucht nahmen. Ja, die Urheber des Fortschritts selbst endeten zum Theil, namentlich Schelling, mit dem Glauben. Was Wunder, dass auch die neu dazwischen gewachsenen Systeme, wie die Herbarts und Schopenhauers, die kritische Färbung hatten. In der Hegel'schen Schule dagegen standen selbst die nach Seiten des Glaubens und eines kritisirenden Theismus Hinneigenden, d. h. die rechte Seite, auf dem Boden der speculativen Dialektik. Und da Hegel und seine Schule auf diese Weise sich nicht selber rückwärts bildeten, so traten alle philosophischen Restanten ausserhalb ihrer nun gegen sie, ohne eben auch nur die rechte Seite zu schonen, auf den Kampfplatz, um die Flucht zu Kant, die doch höchstens ein privates Nachexerciren auf dem Boden des philosophischen Wissens sein konnte, als einen glänzenden Sieg und Fortschritt über die Hegel'sche Philosophie, als deren vollständige Beseitigung auszuposaunen.

Trendelenburg, an der Spitze dieser Widersacher Hegels aus den angegebenen Gründen stehend, freut sich, dass „ein mächtiger Bund", wie Gabler klagte, sich jetzt gegen die Hegel'sche Philosophie zusammengefunden; und er verspricht, diese Gunst des Schicksals kräftigst auszubeuten. „Ihr hattet lange Jahre günstiges Fahrwasser", ruft er uns zu, „während wir Andere vom Wind der öffentlichen Meinung verschlagen wurden. Jeder Schiffer, der einmal einen stürmischen Tag hat, ist kühner als Ihr. Aber er weiss, wohin er steuert." Trendelenburg hat die Gunst des Windes auch in der That vortrefflich benutzt, und seine Verehrer folgen ihm auf diesem Pfade nach; so dass diese Mittelmässigkeit nur unbedeutende Mittelmässigkeiten zu Professoren befördern half.

Kommen wir nach dieser Schilderung der äussern Lage der Philosophie auf die inneren Kämpfe in ihrem eigenen Gebiete, so könnte man den ersten Streit zwischen Gabler und Trendelenburg für unentschieden ansehen. Was meinen Streit mit Trendelenburg betrifft, so hat er mich lange Jahre ungestört in ganz vereinzelten Aeusserungen angegriffen, bis ich endlich seine Einwürfe gegen die Hegel'sche Dialektik ausführlich zu widerlegen unternahm; worauf er wieder nur durch kleine Seitenhiebe oder vornehmes Schweigen antwortete. So dass, indem er ja selbst das Schweigen als ein Eingeständniss des Ueberwundenen auslegt (s. den vorliegenden Antitrendelenburg, S. 4—5, 39, 76; in der zweiten Auflage S. 77), er sich indirekt für besiegt erklärte. Endlich hat er aber im Streite mit Kuno Fischer vielmehr durch sein Sprechen selbst seine Blösse zu erkennen gegeben. Von diesen drei Stadien des Streits will ich Sie nun unterhalten.

I.

Im Kampfe mit Gabler hat Trendelenburg zum Theil Recht, zum Theil Unrecht. Und das kam daher, dass, wenn Gabler mit Recht Trendelenburg eines „unbegreiflichen Missverständnisses" der angegriffenen Ansichten Hegels zeiht, Gabler sie in der Vertheidigung ebenso sehr missversteht. Wenn Gabler nämlich von dem reinen Denken als dem *prius* des Seins sprach, so fasste Trendelenburg dies so auf, als habe Hegel das menschliche Denken zum göttlichen machen wollen; so dass das menschliche Denken, als logische Idee, sich selbst, wie durch einen Schöpfungsact, zum Sein bestimmte, indem es alle Momente des Seins aus sich erzeuge. Falsch verstanden, ruft Gabler ihm entgegen: Das menschliche Denken ist nur das Nachdenken, das Wiederdenken des vom absoluten göttlichen Denken schon ewig Vorgedachten. — Du verstehst Deinen Meister unrichtig, giebt Trendelenburg seinerseits seinem Collegen zurück. „Wo hätte Hegel in allen seinen Werken nur halb so viel von Wiederdenken gesprochen, als Gabler in diesem Einen Buche?" Die Wahrheit liegt nun offenbar in der Mitte. Beide Gegner haben Unrecht, indem beide ein ursprüngliches schöpferisches Denken annehmen, das, als *prius* des Seins, die Dinge aus sich selbst erzeugt habe. Das ist der transcendente Standpunkt des Theismus. Trendelenburg hat Recht, denselben Hegel nicht aufzubürden: Unrecht, indem er ihm vorwirft, das menschliche Denken zum schöpferischen gemacht zu haben. Gabler hat darin Recht, dass das menschliche Denken eben nicht das schöpferische ist: Unrecht, dass überhaupt der göttliche Begriff aus sich heraus das Sein erschaffe. Ein reines Denken jenseits des erzeugten Seins, ein ganz aus dem Denken entsprungenes Sein sind Beides leere Abstractionen. Im Handeln bestimmen wir Menschen wohl das Sein durch's Denken; aber wir geben dem Sein doch immer nur eine andere Form, ohne es lediglich aus uns zu schöpfen. Jede Trennung von Denken und Sein ist nicht der Standpunkt des Absoluten, sondern der Endlichkeit. „Wollen wir indessen", sagte ich, um den Streit der Gegner zu schlichten, „von einem menschlichen Nachdenken des ursprünglich Vorgedachten reden, so können wir sagen, dass unser Denken die" — unbewusst — „in der grossen Kanzleischrift der Natur und des Geistes ewig niedergelegten Züge der absoluten Vernunft in verjüngtem Maassstabe zum Bewusstsein bringt."

Hinterher nimmt Trendelenburg allerdings diese erste Beschuldigung halb und halb zurück. „Niemand behauptete", fügt er hinzu, „dass Hegel gemeint habe, die Philosophie solle die Welt aus den Fingern saugen". Dennoch bleibt er dabei, solche titanische Vermessenheit liege in „dem objectiven Verhältnisse seiner absoluten Methode." Keineswegs! Nur muss man nicht die logischen Kategorien zu göttlichen Wesen hypostasiren, sondern sie als die immanente Gedankenbewegung im natürlichen und geistigen Universum fassen, die dann allerdings vom Philosophen als das System der Logik gedacht wird, das sich aber nicht selber denkt. Dieses Sichselbstdenken, das zum Bewusstsein-Bringen der objectiven Gedanken der Welt ist erst die Aufgabe des Geistes, der darum höher ist, als die Logik, weil er sie zu einem Moment seiner selbst macht;

was nicht ausschliesst, dass sie, als reiner Gedanke, wiederum das Höchste in ihm ist. Daraus geht schon von selbst hervor, wie falsch es ist, Hegel des Scholasticismus zu beschuldigen, als habe er die formale Logik zur Metaphysik gemacht. Die Logik ist ihm nur insofern der höchste Inhalt, als sie sich mit dem Fleische der Natur und des Geistes umgeben, — sonst bleibt sie eine Abstraction. Die Worte Hegels: „Man könnte sich so ausdrücken, dass sie das göttliche Wesen vor Erschaffung der Natur und des endlichen Geistes sei", — sind eben nur eine Ausdrucks- oder Vorstellungsweise; und es fällt Hegel nicht im Entferntesten ein, dies *prius* der Erkenntniss, indem allerdings die Darstellung der Philosophie mit der Logik angefangen wird, zu einem *prius* der Würde oder des Seins zu machen.

Eine zweite Beschuldigung Trendelenburgs ist die, „dass das reine Denken voraussetzungslos aus der eigenen Nothwendigkeit die Momente des Seins erkennen wolle." Das ist der alte Streit zwischen Locke und Leibnitz, den man auch fälschlich zwischen Plato und Aristoteles erblicken wollte, — der Streit zwischen *a priori* und *a posteriori*, Speculation und Erfahrung. Wobei es nur auffallend ist, dass die Verfechter des Empirismus unter dem Banner Kants zu kämpfen meinen, der doch die Erkenntniss aus einem aprioristischen und einem aposterioristischen Elemente construiren wollte. Ganz ungerecht macht Trendelenburg hier Hegel den Vorwurf: „Die dialektische Methode will lehren ohne zu lernen, weil sie, sich im Besitz des göttlichen Begriffs wähnend, die mühsame Forschung in ihrem sicheren Gange hemmt." Denn Hegel sagt geradezu: „Der Erfahrung ist die Entwickelung der Philosophie zu verdanken. Die empirischen Wissenschaften bereiten den Inhalt des Besondern dazu vor, in die Philosophie aufgenommen werden zu können. Andererseits enthalten sie damit die Nöthigung für das Denken selbst, zu diesen concreten Bestimmungen fortzugehen. Das Aufnehmen dieses Inhalts, in dem durch das Denken die noch anklebende Unmittelbarkeit und das Gegebensein aufgehoben wird, ist zugleich ein Entwickeln des Denkens aus sich selbst." Die Dialektik weiss also Alles aus sich als ein Selbsterzeugtes, — die allgemeinen Gedanken, nachdem sie Alles als ein Gegebenes von Aussen empfangen hat, — die einzelnen Dinge. Und dieser doppelte Weg ist nothwendig, weil, wie Denken und Sein im Absoluten identisch sind, sie so im Endlichen auch Gegensätze bilden, deren jeder von sich aus mit dem andern sich zu versöhnen hat. Wie einerseits die Erfahrung die Bewährung der philosophischen Deduction ist, so ist andererseits die dialektische Entwickelung das Regulativ der Thatsachen. Denn es ist nicht so ohne Weiteres klar, was eine Thatsache sei; sie darf nicht durch vorgefasste Hypothesen verdunkelt und verzerrt werden.

II.

Komme ich nun auf meinen Streit mit Trendelenburg, so dreht sich derselbe besonders um die dialektische Methode. Der Gang mit Gabler hatte dem Stolz des Gegners grossen Vorschub geleistet. Er glaubte in der That, der Hegel'schen Philosophie den Todesstoss versetzt zu haben. Und wenn Marheineke von „sehr unbedeutenden Anfechtungen" sprach, welche die Hegel'sche Methode bisher erlitten habe, so vergleicht Trendelenburg dies mit „dem nicht ungewöhnlichen Verfahren" von Banquierhäusern, welche „die Meinung des nahen Bankerotts abzuwenden, auf der Börse von sehr unbedeutenden Verlusten reden, die sie erfahren haben." In diesem sinnverwirrenden Stolze, die Hegel'sche Philosophie bankerott gemacht zu haben — bankerott durch die Trendelenburgische Philosophie! — legt Trendelenburg, von der Höhe seiner sicher gewähnten Veste, jeden Umstand in der Geschichte der Philosophie, selbst viele Aeusserungen bekannter Hegelianer, zu seinem Vortheil aus, und sieht darin eine Bestätigung seines Sieges. Er führt Weisse an, welcher der Hegel'schen Methode die trostlose Kahlheit ihrer Resultate vorhält. Selbst David Strauss soll die dialektische Methode ausser Brauch gesetzt haben, indem er die Dialektik der religiösen Parteien an die Stelle der Dialektik der Begriffe gesetzt habe. Als ob unsere Dialektik, eine Weltdialektik, nicht in der Natur und dem Geiste erst recht zur Wirksamkeit käme! Erxner habe von den wissenschaftlichen Undingen gesprochen, welche die viel versprechende dialektische Methode erzeuge. Auch ich muss herhalten, weil ich 1843 sagte: „Hegel ganz fremd stehende Männer, wie Trendelenburg, verstehen ihn besser, als seine ältesten Schüler." Was sich doch blos darauf bezog, dass Trendelenburg, im Rechte gegen Gabler, die Transscendenz des Absoluten bei Hegel vermisste.

Sodann hatte Kuno Fischer 1852 ausgesprochen: „Die Vorwürfe, welche wissenschaftliche Gegner (Trendelenburg) dem Anfang der Logik gemacht haben, sind gegründet; allein sie treffen nur die gewöhnliche Darstellung, welche den Geist jener Begriffe nicht erreicht." Dazu kommt noch Rosenkranz, welcher 1859 einräumte:. „Trendelenburg erschütterte die Autorität, welche die Hegel'sche Logik gewonnen hatte." Endlich hält sogar Zeller 1862 Hegels Versuch, die Gegensätze durch dialektische Entwickelung des Absoluten zu versöhnen, für gescheitert. Dem hat sich seit lange Vatke mündlich angeschlossen.

Da ausser Gabler Niemand Trendelenburg angriff, so brachte dies alles seinen Hochmuth auf's Aeusserste, damit aber auch schliesslich zu Falle. In den logischen Untersuchungen, wo er, ausser dem Princip und dem Anfang der dialektischen Methode, auch ihre hauptsächlichsten Anwendungen auf alle Gebiete der Philosophie im Einzelnen zu widerlegen sucht, bedenkt er, bei diesen Ausstellungen gegen Hegel, denn auch mich mit einigen Vorwürfen: als habe ich z. B. in der Geschichte der Philosophie des Mittelalters „eine zweitausendjährige Episode, ein grosses undialektisches Zwischenreich zugegeben," weil ich für diese Zeit den dialektischen Fortschritt der Systeme geleugnet habe. Ich begründete dies nämlich damit, dass das im Alterthum für Einige gewonnene Resultat erst im Bewusstsein der Masse der Individuen durchgebildet werden müsse. Ferner wird in der neuesten Philosophie mein dialektischer Uebergang von Herbarts Standpunkt zur Jacobi'schen Glaubensphilosophie getadelt, da doch genetisch diese jenem vorausgegangen sei. Als ob nicht das der zeitlichen Entstehung nach Spätere der Würde nach auf einer niedrigern Stufe der dialektischen Entwickelung stehen könne! Da ich zu den Angriffen auf das Grundprincip der Hegel'schen Dialektik schwieg, wie sollte ich auf solche gelegentliche Nadelstiche geantwortet haben? Mein Schweigen entsprang, ich will es nur gestehen, aus Verachtung über die innere Ohnmacht des Angriffs, nicht etwa aus Furcht vor der äussern Macht des Angreifers, der sich eben unfähig zeigte, auch nur richtig aufzufassen, was er zu bemängeln sich erkühnte. Als mich nun aber der alte Twesten 1861 aufforderte, den der ganzen Hegel'schen Schule hingeworfenen Handschuh aufzuheben, — solche „bedeutende" Einwände nicht unbeantwortet zu lassen, da brach ich dennoch mein Schweigen in der Zeitschrift:

„Der Gedanke", obgleich dies allerdings für eine Anerkennung der Bedeutsamkeit des Angriffs ausgelegt werden konnte.

Die Angriffe reduciren sich auf zwei Hauptpunkte: 1) dass die Gedankenbewegung keine selbsterzeugte, sondern nur eine von Aussen geborgte sei; 2) die Identität der Gegensätze nur durch einen Schluss nach der zweiten Aristotelischen Figur (was die dritte Hegel'sche ist) bewirkt, also erschlichen worden sei, da sich in dieser Figur nicht positiv, sondern nur negativ schliessen lasse. „Beim Ergebniss dieser Kritik", meint Trendelenburg höchst selbstgefällig, „konnte der immanente Zusammenhang des Systems nicht bestehen, weder der leitende Gedanke noch die Ausführung anerkannt werden." Es ist aber gerade sehr fraglich, ob diese Trendelenburgische Kritik, wie sie behauptet, so erfolgreich gewesen, dass sie in der That den „Grund" der Hegel'schen Philosophie „schwankend" gemacht habe.

Der erste Angriff geht von dem Satze aus, dass „das Denken überhaupt von der Anschauung lebt, und den Hungertod rettungslos dahin stirbt, wenn es nicht von ihr sein tägliches Brod erhält," — als verstände sich die unbewiesene Assertion einer blos aposterioristischen Erkenntniss von selbst. Hält doch sogar Kant die Anschauungen ohne den Verstand für blind, wenn er auch den Verstand ohne die Anschauungen leer nennt. Trendelenburg aber sagt ganz unkantisch: „Die beiden Grundthätigkeiten, welche man gemeinhin dem Verstande beilegt, sind nur durch das begleitende Bild der räumlichen Bewegung verständlich und an dasselbe gebunden." Dies angewendet auf den dialektischen Uebergang von Sein und Nichts, meint Trendelenburg: „Das Denken schiebt die Bewegung stillschweigend unter. Es könnte das Werden aus dem Sein und Nichts gar nicht werden, wenn nicht schon die Vorstellung des Werdens vorausginge." Diese Sätze sind nun ganz dem alten Empirismus, wie Locke ihn noch aufstellte, entnommen, während doch die Kantische Erfahrung an den Kategorien und an Raum und Zeit ein aprioristisches Element besitzt. Höchstens auf Raum und Zeit will Trendelenburg eine sich ihm „eröffnende Welt *a priori*" einschränken, indem er sie lediglich in der mathematischen Erkenntniss erblickt, und damit aus der Philosophie gänzlich verbannt.

Es ist nun wirklich das Unerhörteste, was uns zugemuthet wird, anzunehmen, dass der Gedanke alle Bewegung, mithin auch alles Leben von Aussen erhalte, da doch, dem Stein, der Materie gegenüber, er das Beweglichste, in sich selbst Pulsirende ist. „Was ist das Schnellste?" fragte einst ein Apophthegma der sieben Weisen Griechenlands. Worauf die Antwort lautete: „Der Gedanke." Und auch im Puppentheater hört der Knabe schon, was Trendelenburg noch nicht weiss. Aber er weiss es auch wieder, muss jedoch nicht wissen, was er weiss, weil er sonst nicht so angreifen würde. Nachdem dem Gedanken nämlich vor der Hand nur erborgte Bewegung zugestanden worden, kommt zunächst schon ein ziemlich zweideutiger Satz zum Vorschein: „Das Denken, als die höchste Blüthe der Thätigkeiten in der Welt, setzt die übrigen gleichsam als nährenden Boden und tragenden Stamm voraus." Das könnte am Ende zur Noth noch ein Empiriker sagen. Freilich, wenn der Gedanke die höchste Blüthe der Thätigkeit ist, so kann er füglich nicht blos vom Niedrigern borgen, sondern muss eigene Thätigkeit aus sich selbst entfalten. Dies bricht denn auch richtig in andern Sätzen an's Tageslicht durch: „Da Denken und Sein sich nicht ausschliessen sollen, so müssen sie sich in einem Gemeinsamen bewähren, das, da es sie vermitteln soll, etwas Thätiges sein muss. Diese allgemeinste, ursprüngliche und einfache Thätigkeit des Denkens und des Seins ist die Bewegung." Braucht also noch das Denken die Bewegung dem Sein abzulauschen?

Aber Trendelenburg fällt noch besser von sich ab. Die Bewegung soll nicht gleichmässig dem Sein und dem Denken zukommen, sondern das Denken sie in viel höherem Grade besitzen. Hören wir unseren Gegner weiter: „Im Denken der Kepplerschen Gesetze kann man sich nicht auf eine äussere, uns gleichsam von Aussen aufgedrückte Bewegung berufen; es ist im innern Denken der Art nach dieselbe Bewegung, wie in der äussern Natur. Wie die Bewegung im Sein und im Denken nur aus sich stammt, wird sie auch nur aus sich selbst erkannt. Ohne die Bewegung, als die ursprüngliche That des Denkens, geschieht weder Anschauung noch Erkenntniss; sie vermittelt alle Erfahrung. Wenn die Bewegung ebenso ursprünglich dem Denken, als dem Sein angehört, so liegt darin jene Harmonie des Subjectiven und des Objectiven, die von Kant gewaltsam zerrissen wurde. Die Bewegung ist vor der Erfahrung, und bedingt die Erfahrung; in ihr findet sich das Merkmal des Aprioristischen. Was die erzeugende Bewegung hervorbringt, entwickelt sich zwar nach der innern Nothwendigkeit; aber die Erzeugung selbst ist eine freie That des Geistes."

Könnten wir anders sprechen? Trendelenburg hat keine Ahnung davon, dass er mit diesen Sätzen ganz auf Hegels Seite übertritt; was ihm Rosenkranz auch schon vorgehalten hat. Denn ist das nicht vollständig die Selbstbewegung, der Rhythmus und Pulsschlag der Weltdialektik? Ich weiss wohl, dass dieser erste Beweger bei Trendelenburg ein transcendentes Absolutes sein soll, wie es dem Aristoteles fälschlich aufgebürdet wird. Aber auch so ist dem Gedanken des Menschen die Bewegung nicht von Aussen gekommen, sondern von der absoluten Thätigkeit selbst gegeben. Man müsste denn annehmen, dass diese sich unmittelbar nur der Natur, nicht dem Geiste mittheilte, und sich dann der Natur bediente, um dem menschlichen Denken die Bewegung erst beizubringen. Aber wozu dann alle die hochtrabenden speculativen Phrasen, die wir wörtlich ausgeschrieben haben, wenn der Sinn in solchen platten Empirismus auslaufen soll? Dass Trendelenburg sich hier in lauter Widersprüche verwickelte, hat auch Kuno Fischer in der vorliegenden Broschüre glänzend nachgewiesen (S. 72, und in der zweiten Auflage S. 73).

Was nun den zweiten Punkt betrifft, das Umschlagen der Gegensätze in einander, so soll mit einem Male diese doch vorhin schon zugegebene Lebendigkeit des Gedankens und seine Bewegung wieder still stehen. Als ob wir Sein nur desshalb zu Nichts hinbewegen könnten, weil wir früher einmal etwa einen Vogel haben fliegen sehen. Trendelenburg sagt: „Das reine Sein ist Ruhe, das Nichts ist ebenfalls Ruhe. Wo sollten wir hieraus die Bewegung des Werdens schöpfen? Wir müssen sie schon haben, sonst könnte sie uns nicht werden." Vielmehr wäre zu sagen, dass, wenn wir das Werden schon hätten, es uns nicht erst zu werden brauchte. Aber diese kurze, noch mit dem ersten Punkte zusammenhängende Plänkelei macht nun dem eigentlichen Angriff Platz, wo das Hauptstreitross der Schluss nach der zweiten Figur ist, wohlverstanden nach der zweiten Aristotelischen ($M-P-S$ oder $B-A-E$). Trendelenburg liebt es, uns Hegelianern mit so einer alten logischen Schindmähre in die Parade zu fahren, wie wir auch noch gegen Kuno Fischer sehen werden. Natürlich! Logik muss man mit Logik schlagen, funkelnagelneue, dialektische mit der alten, formalen; wobei aber wenigstens nicht uns, sondern vielmehr nur den Gegner der Vorwurf des Scholasticismus treffen könnte.

Der Einwurf, dem auch Herr von Hartmann gegen meine Vertheidigung vergeblich hat zu Hülfe kommen wollen, ist nun folgender: Der dialektische Uebergang von Sein in Nichts sei, als „Kunststück Hegel'scher Dialektik," nichts Anderes, als ein Schluss nach der zweiten Figur.

>Das Sein ist das Unbestimmte,
>Das Nichts ist das Unbestimmte;
>Also ist das Sein das Nichts.

Diesen Schluss hat Trendelenburg in seinen mündlichen Vorträgen auch einmal so gefasst:

>Der Mensch ist zweibeinig,
>Eine Gans ist zweibeinig;
>Also ist der Mensch eine Gans.

Ich antwortete zuvörderst: Dem Sein und dem Nichts wird nicht blos Ein gemeinsames Prädicat, sondern mehrere beigelegt, wie inhaltslos, leerer Gedanke, reine Abstraction, absolute Negation u. s. w. Trendelenburg antwortete gar nichts Specielles, sondern entsandte nur im Vorbeigehen einige ironische Pfeile gegen mich, indem er die Zeitschrift: „Der Gedanke" personificirt einführte, oder meine geringe Person mit dem Gedanken identificirte. Sollte das Vornehmthun daher entsprungen sein, dass dem Gegner der Zunftzopf fehlte? Offenbar jedoch hielt Trendelenburg sich nicht für stark genug, nachdem er in Feindesgebiet eingefallen war, sich auf diesem, ihm fremden Boden mit Sicherheit und Gewandtheit zu bewegen. Er trat, nach einigen Freudenschüssen, eiligst den Rückzug an. Und war daher der Meinung, dass Schweigen Gold sei. Wenigstens wird er in diesem Falle Schweigen gewiss nicht als Eingeständniss des Ueberwundenseins angesehen wissen wollen.

Die Lanze, die Herr von Hartmann für Trendelenburg brach, beschränkte sich darauf, dass er dessen Einwand auch dann noch aufrecht erhielt, wenn Sein und Nichts mehrere gemeinsame Prädicate haben, indem in diesem Falle mehrmals nach der zweiten Figur geschlossen würde. Das wäre stichhaltig, wenn meine Widerlegung hierbei stehen geblieben wäre. Ich fuhr sodann aber fort, dass Sein und Nichts durch solchen Schluss oder durch solche Schlüsse gar nicht blos identificirt werden sollten; dass die Dialektik überhaupt nicht in Verstandesschlüssen dächte; dass sie nicht zu einem einfachen Schlusssatze komme, sondern eine philosophische Wahrheit zweier Verstandessätze bedürfe; dass daher, wenn man auch durch mehrere Prädicate bewogen würde, Sein und Nichts zu identificiren (in der That ist die Gemeinsamkeit mehrerer oder auch nur Eines Prädicats immerhin eine partielle Identität), sie dennoch ebenso nicht identisch seien; dass dieser Widerspruch eben die Bewegung hervorbringe, indem die Nichtidentität nothwendig in Identität und umgekehrt übergehen müsse. Diese Identität von Sein und Nichts, die gegenseitig ineinander umschlagen, ist gerade das Werden, einmal als Entstehen, wenn das Nichts Sein, das andere Mal als Vergehen, wenn das Sein Nichts wird. Jeder Mensch, wenn er Werden denkt, denkt die Einheit von Sein und Nichts, aber nicht eine ruhende, sondern eine stets sich erzeugende, also die Nichtidentität voraussetzende. Das ist die ursprüngliche Thätigkeit des Gedankens, der sich ja auch Trendelenburg selber nicht verschlossen hat.

III.

Doch ich gelange nunmehr zu unserem eigentlichen Gegenstande, dem Streit Trendelenburg's mit Kuno Fischer. Hier verhielt sich die Sache ganz anders. Hier wurde Trendelenburg gesprächiger, redseliger, weil er sich auf seinem eigenen Grund und Boden wusste und darum um so sicherer glaubte. Hier hoffte er, mit Kant im Hinterhalte, den Gegner leichten Kaufs zu Boden rennen zu können. Als geschichtlicher Philosoph machte er der Geschichtsschreibung der Hegel'schen Schule den ungerechten Vorwurf, dass sie durch Dialektik verfälscht sei. Er meinte, diese Fälschung aufdecken zu können, namentlich da, wo Kuno Fischer auf Kant zu sprechen kam, den ja die philosophische Reaction gegen Hegel als ihren eigentlichen Schutzpatron ausschliesslich zu besitzen wähnt. So lief Trendelenburg Kuno Fischer geradezu in's Garn; und mit welcher Gründlichkeit und Meisterschaft geht dieser von der Vertheidigung zum Angriff über, indem er Trendelenburg seine Unsicherheit, sein Herumtappen, seine Unwissenheit nachweist auf einem Felde, wo er sich ganz heimisch gefühlt hatte.

Kuno Fischer erzählt in vorliegender Schrift: „Anti-Trendelenburg," einfach und würdevoll, wie ungern er sich in einen Zwist mit einem Gegner hineinziehen liess, den er persönlich hochachtete, der ihn aber sogleich durch einen Ton der Anmaassung verletzte. Nachdem Trendelenburg nämlich in der zweiten Auflage seiner logischen Untersuchungen 1862 einen ersten Angriff auf Fischer gemacht hatte, beantwortete ihn dieser in der zweiten Auflage seiner Logik. Trendelenburg replicirte in einem Aufsatze des III. Bandes der historischen Beiträge 1867: „Ueber eine Lücke in Kant's Beweis von der ausschliesslichen Subjectivität des Raums und der Zeit;" ein Aufsatz, der gegen Fischers Darstellung der Kantischen Philosophie, namentlich der Lehre von Raum und Zeit, gerichtet war, und das Motto hatte: „Wer bauet an den Strassen, der muss sich schelten lassen." Im Verlauf dieses Angriffs kamen Ausdrücke gegen Fischer vor, wie „ungereimt" und „widersinnig." Fischer vertheidigte sich in der zweiten Auflage des Werks: „Immanuel Kant. Entwickelungsgeschichte und System der Kantischen Philosophie" 1869. Nun folgte eine eigene Flugschrift Trendelenburgs: „Kuno Fischer und sein Kant," als ob das nicht der wahre Kant wäre, mit dem Motto: *veritas odium parit*. „Es wird sich zeigen," sagt Fischer, „ob diesen Titel die Wahrheit geschrieben oder der Hass. Ich habe bei dieser ganzen Polemik dem Gegner den Vortritt gelassen. Die Form der Broschüre ändert den äusseren Schauplatz des Streits, und verlegt ihn, so zu sagen, auf den offenen Markt" (S. 3—5).

Als weitere Proben der Trendelenburgischen Grobheit führt Fischer an: „Kuno Fischer spricht mit imponirender Zuversicht und lässt alle Künste der Dialektik spielen, um Unkantisches kantisch zu machen" (S. 10—11). Ferner: „Diess sind die Folgen von der Beharrlichkeit im Irrthum. Kuno Fischer, obgleich an das Unkantische seiner Vorstellungen erinnert" (nämlich durch Herrn Trendelenburgs infaillible Kritik), „legte sie von Neuem als kantisch auf." Und nun wendet sich Trendelenburg schliesslich zur deutschen Kritik, wie König Philipp zum Grossinquisitor, mit den Worten: „Die Deutsche Kritik mag nun das Uebrige thun" (S. 24—25). Das Aergste ist aber folgender Satz: „Gewarnt druckt er Alles, wie es war, von Neuem ab. Er gab als kantisch, was er als unkantisch wusste" (S. 39). Wusste! Weil was Trendelenburg behauptet, nicht blos schlechthin wahr sein, sondern auch von Allen, namentlich von Fischer, als ein Orakelspruch anerkannt werden müsse! Bei allen diesen „Rathschlägen, Warnungen und Erinnerungen" Trendelenburgs, die Fischer sich gar nicht erbeten hatte, und die wie Befehle klingen, — bei dem auf Umwegen herausgebracht sein sollenden Geständnisse Fischers (S. 29), bei dem als Eingeständniss ausgelegten Schweigen, geht Fischer endlich die Geduld aus. Seine Antworten werden jetzt scharf, doch wohl verdient, immer aber würdig. Fischer sagt ganz ruhig: „In dieser Schrift erzeugte der Hass die Unwahrheit. Dass ich es in dieser Sache mit einem unkundigen Gegner zu thun hatte, wusste ich, als ich das erste Wort gegen ihn schrieb, aber ich hätte nie geglaubt, dass die verletzte Eitelkeit ihn so weit treiben könnte, etwas Unwürdiges zu thun" (S. 41). Es ist nicht nur unwürdig; sondern die Insinuationen, die Trendelenburg gegen Fischer in die Welt schleudert, sind geradezu —. Das Wort bleibt mir in der Feder stecken, weil ich mich nicht zum Sittenrichter aufwerfen will, und Aristoteles mit Recht sagt, dass eine Handlung schlecht sein kann, ohne desshalb nothwendig aus schlechter Gesinnung zu fliessen, wenn sie nämlich unüberlegt gewesen wäre.

Doch ich komme nach diesen Aeusserlichkeiten nunmehr auf den philosophischen Inhalt der Fischer'schen Rechtfertigungen. Und hier sind es besonders zwei Punkte, hinsichtlich derer Fischer Trendelenburgs Angriffe widerlegt, nämlich: 1) dass Kant nicht die ausschliessliche Subjectivität von Raum und Zeit bewiesen haben soll; 2) dass die philosophische Geschichtsschreibung, welche sich der dialektischen Methode bedient, nicht authentisch sei; darauf will ich 3) vom Verhältniss Hegels zur echten Kantischen Lehre einige Worte sagen.

1. Im ersten Theile der Vertheidigung weist Fischer Trendelenburg, ausser einigen Nebenpunkten, hauptsächlich nach vier Seiten hin, eine falsche Auffassung Kants nach, wie er nämlich weder über die Gattungsbegriffe bei Kant, noch über den Vorwurf einer *quaternio terminorum*, noch über das Verhältniss der Kantischen Lehre von Raum und Zeit zur reinen Mathematik, noch über dessen Antinomien, — also wie wenig Trendelenburg im eigenen Hause, in seinem Kant (in einem edlern Sinne, als der Titel der Trendelenburgischen Flugschrift meint), und zwar für Hauptpunkte, zu Hause ist. Dabei erwähnt Fischer noch der eigenen Worte Trendelenburgs, die erhärten, wie er selber sich in seinem Vertrauen schwankend fühlte: „Ehe ich dem Geschichtsschreiber Kants zu

widersprechen, und in seiner Darstellung Kants so wesentliche Gedanken als nichtkantisch zu bezeichnen wagen durfte, lag es mir ob, allen Fleiss anzuwenden, in der eigenen Erinnerung alle Spuren aufzusuchen, und in Kants Werken immer von Neuem nachzuschlagen und hin und her zu lesen, — und doch konnte ich, da der Verfasser mir zu wissen nicht gegönnt hatte, welche Stelle Kants ihm vorgeschwebt habe, die letzte Gewissheit in dieser nachforschenden und nachrechnenden Probe nicht erreichen. Nur die, für einen solchen Zweck schätzbaren Wörterbücher Mellins gaben mir zuletzt einiges Vertrauen, dass ich mich in meinem oft und viel gelesenen Kant wirklich nicht irrte" (S. 42). In dieser, wie Trendelenburg es nennt, „arglosen Erzählung" befremdet Fischer mit Recht „sowohl die Unsicherheit, welche der Verfasser der historischen Beiträge sich selbst über Cardinalpunkte der Kantischen Lehre zuschreibt, als die Sicherheit, womit er trotzdem über mich aburtheilt" (S. 43). Hin und her muss er lesen, immer suchen, zuletzt durch Mellins Register nur einiges Vertrauen erlangen! Das will ein Kantianer sein! Aus einzelnen Stellen will er den Geist Kants erfassen, und nicht einmal den Buchstaben kann er auffinden! Schon Ueberweg zeigte ich, wie die Kantianer viel weniger, als wir, in ihrem Kant Bescheid wissen. Nun aber zur Sache! Und hier hat Fischer Trendelenburgs Stolz Schlag auf Schlag, und endgültig gebrochen.

Der ganze Streit über die wahre Auslegung Kants nahm seinen Ausgangspunkt davon, dass Trendelenburg Kants Lehre von Raum und Zeit tadelt, indem Kant wissenschaftlich zu beweisen suche, dass sie nur subjective Formen der Anschauung *a priori* seien. Wenn diess wirklich bewiesen wäre, so wäre die Erscheinung Schein. Gebe man aber auch Kant zu, dass sie als subjective Bedingungen dem Wahrnehmen vorangehen, so sei doch mit keinem Worte bewiesen, dass sie nicht zugleich auch objective Formen sein können. Kant habe kaum an die Möglichkeit gedacht, dass sie Beides zusammen seien; diese Möglichkeit sei in der Beweisführung schlechthin übersehen. Und so schliesst Trendelenburg diese Ausstellung mit dem ganz philosophischen Grundsatz, dass, weil das Letzte und Ursprüngliche dem Denken und dem Sein gemein sein muss, wir Raum und Zeit keineswegs den Dingen absprechen dürfen. Indem die Bewegung die erste Thätigkeit des Denkens und des Seins sei, werde sich der Raum als das äussere

Erzeugniss der Bewegung, die Zeit als die Vorstellung des inneren Maasses der Bewegung bezeichnen lassen. Mit dieser Anschauung werde in der That das Wahre der Kantischen Ansicht beibehalten und die Lücke ausgefüllt (Logische Untersuchungen, Thl. I, S. 156—166). So legt Trendelenburg die Schelling-Hegel'sche Identität des Subjectiven und des Objectiven zu Grunde, macht etwas *a priori* Erwiesenes zu einem empirisch Gegebenen. Und doch soll Kant's Rückschritt diesen spätern Fortschritt widerlegen! Wenn aber Kuno Fischer so liberal ist, Trendelenburg die Ausfüllung dieser Lücke nicht als dessen eigenes Verdienst zu bestreiten: „Herr Trendelenburg will die Kant'sche Ansicht durch die seinige ergänzen;" so weist Trendelenburg dies mit den Worten zurück: „Es wäre ein eigenes Unterfangen, ein so in sich ganzes System, wie Kants, zu ergänzen." Und doch hatte Trendelenburg selbst gesagt, dass es eine Lücke habe, und er dieselbe ausfüllte (S. 46).

Dem Satze aber, Kant habe die Möglichkeit, dass Raum und Zeit zugleich subjectiv und objectiv seien, in seiner Beweisführung schlechthin übersehen, weil er kaum an sie gedacht, setzt Fischer dann in der zweiten Auflage seiner Logik (S. 174 flg.) Folgendes entgegen: „Die logischen Untersuchungen richten sich gegen Kant, dessen transscendentale Aesthetik sie zugleich widerlegen und ergänzen wollen. Kant habe bewiesen, dass Raum und Zeit subjective Anschauungen seien; er habe nicht bewiesen, dass sie nicht auch objective Realität haben können. Aber dieser Beweis, den die logischen Untersuchungen vermissen [1]), ist in der That geliefert [2]). Denn es wurde bewiesen, dass Raum und Zeit 1) nicht abgeleitete Vorstellungen seien, sondern ursprüngliche; 2) dass diese ursprünglichen Vorstellungen nicht Begriffe seien, sondern Anschauungen; 3) dass diese ursprünglichen Anschauungen blosse Anschauungen, dass der Raum kein Ding an sich, d. h. nicht unabhängig von der Anschauung sei. Denn gesetzt, er sei unabhängig von der Anschauung Etwas an sich, so müsste er ein Erfahrungsobject und die mathematischen Einsichten Erfahrungsurtheile sein, die als solche weder allgemein noch nothwendig sein könnten. Wäre der Raum etwas Reales an sich, so würde daraus die Unmöglichkeit der Mathematik

---

1) „Vermissen," wohlverstanden, nicht nur das Gelingen des Beweises, sondern auch den Versuch der Beweisführung.

2) Das heisst: im Sinne des Kantischen Systems.

folgen." Die ganze Stellung aber, die Trendelenburg der Frage giebt, nachdem Kant die Apriorität von Raum und Zeit bewiesen, noch den Beweis der Nicht-Objectivität zu fordern, kommt Fischer allerdings am angeführten Orte so vor, als ob in eine solche vermeintliche Lücke das ganze Kantische System wie in ein „grosses Loch" hindurchfallen müsse. Der Beweis der Apriorität schliesst nämlich bei Kant mit Nothwendigkeit auch den der Nicht-Objectivität in sich. „Ich hätte nie geglaubt," fügt Fischer hinzu, „dass Jemand für diesen Sonnenaufgang der Kantischen Philosophie ein Citat fordern würde."

Nach dieser allgemeinen Darstellung der Differenz zwischen Trendelenburg und Fischer komme ich nun insbesondere zu den vier Hauptpunkten, in welchen Trendelenburg Fischer wegen dessen dialektischer Geschichtsschreibung vorwarf, Unkantisches als kantisch ausgegeben zu haben. Diese Punkte will ich, nach Anleitung des Anti-Trendelenburg, der Reihe nach beleuchten.

 a. In seiner Broschüre: „Kuno Fischer und sein Kant," sagt Trendelenburg (S. 13 flg.): „Kant beweist zunächst negativ, Raum und Zeit sind Anschauungen, weil sie nicht Begriffe sind. Kuno Fischer hingegen sagt nach seiner Auffassung Kants: Raum und Zeit sind Anschauungen, weil sie keine Gattungsbegriffe sind. Durch diese Differenz kommt Unkantisches in die ganze Darstellung." Es ist nun von vornherein zuzugeben, dass Kuno Fischer vielleicht besser gethan hätte, das Wort „Gattungsbegriffe" nicht an die Stelle des Worts „Begriffe" zu setzen, schon darum, weil er hierdurch jeden Schein der Ungenauigkeit vermieden hätte. Nachdem er es gethan, blieb ihm, zur Vermeidung des Vorwurfs des Unkantischen, nichts übrig, als die Differenz für ganz unerheblich zu behaupten; und das hat er denn auf die schlagendste Weise gethan, und sich so auf's Glänzendste von diesem Vorwurf gereinigt. Sodann hat er dem Gegner selbst eine Menge Kantischer Behauptungen, die derselbe für unkantisch hält, als kantisch nachgewiesen: z. B. Kant sagt, dass Begriff und Gattungsbegriff identisch seien, was Trendelenburg leugnet; dass alle Gattungsbegriffe abstrahirt seien, was Trendelenburg ebenfalls leugnet u. s. w. Ferner zeigt Fischer, in welche eigene Widersprüche der Gegner sich verwickele, z. B. wenn er auf S. 18 der Broschüre beweisen will, der Kreis könne kein Gattungsbegriff sein, und auf der folgenden Seite sagt, er sei einer. Schliesslich aber und vor Allem hat Fischer den ganz triftigen Grund in's Klare gesetzt, warum er Gattungsbegriff statt Begriff geschrieben habe (S. 6—25). Fischer constatirt nämlich aus Stellen Kants, dass dieser Raum und Zeit zuweilen auch Begriffe nennt, aber Einzel-Begriffe (was Trendelenburg — beiläufig gesagt — bezweifelte); und diese sind eben einzelne Vorstellungen oder Anschauungen, d. h. das Gegentheil allgemeiner Begriffe (S. 56—58). Geht man von dieser Terminologie aus, so hat es einen guten Sinn zu sagen, Raum und Zeit sind Anschauungen, keine Gattungsbegriffe. Denn Einzel-Begriffe sind sie allerdings. In der zweiten Ausgabe seiner Flugschrift macht Kuno Fischer daher (S. 58—59) den sehr guten Zusatz, er habe „geflissentlich" Gattungsbegriff statt Begriff gebraucht, um die Zweideutigkeit aufzuheben, als ob Raum und Zeit in weiterer Bedeutung nicht auch Begriffe genannt werden könnten und von Kant so genannt worden seien. Gattungsbegriffe oder allgemeine Begriffe sind dann aber, setze ich hinzu, entweder *a priori*, die Kategorien, oder aus der Erfahrung geschöpft, wie Mensch. Was hat Fischer hiernach Unkantisches als kantisch aufgestellt? Doch, wie Trendelenburg räth, wir wollen nicht um Worte streiten, am wenigsten um das Eine, — überhaupt keine Wortgefechte machen.

b. Jetzt kommt aber der Glanzpunkt der vermeintlichen Trendelenburgischen Widerlegung, die erträumte Vernichtung des Gegners auf logischem Wege, freilich auf dem alten ausgetretenen der formalen Logik, nämlich durch den Vorwurf einer *quaternio terminorum*, wie Hegel durch die zweite Schlussfigur geschlagen werden sollte (S. 25—38). Wir schicken voraus, dass Kant jeden allgemeinen oder Gattungs-Begriff so definirt: er sei ein gemeinschaftliches Merkmal, das, als Theilvorstellung, in einer unendlichen Menge verschiedener Vorstellungen enthalten ist; je allgemeiner er ist, desto mehr nimmt er an Umfang zu, was er an Inhalt verliert. Nun ist Kant's Beweis, dass Raum und Zeit Anschauungen, keine Begriffe sind, nach Fischer, folgender: „Raum und Zeit wären Gattungs-Begriffe, wenn sie Theilvorstellungen wären, Merkmale von Räumen und Zeiten. Aber sie sind umgekehrt das Ganze: der Raum enthält alle Räume, die Zeit alle Zeiten in sich; also sind sie nicht Gattungs-Begriffe." Worauf Trendelenburg (S. 16 der Broschüre) entgegnet: „In Kant habe ich dies Argument nicht gefunden, und ich vermisse das Citat; ich halte es auch darum nicht für kantisch, weil es den Fehler einer *quaternio terminorum* enthält.

Der Schluss nackt ausgedrückt, lautet so: Alle Merkmale sind Theile, aber der Raum ist das Ganze (kein Theil), also ist der Raum kein Merkmal, und insofern kein Gattungs-Begriff." Der Doppelsinn des Mittelbegriffs soll nun darin bestehen, dass Theil eines Begriffs logisch, der Raum als Ganzes sinnlich genommen werde; und diese Behauptung wird noch mehr als sieben Mal wiederholt (S. 17, 23, 24, 25, 26, 27, 28 u. s. f.), — was sie aber darum nicht glaubhafter mache.

Kuno Fischer erwiedert, dass bei dem Nackt-Ausziehen seines Schlusses ihm auch ein Stück Haut mit abgerissen worden sei, indem er nicht „Theil", sondern „Theilvorstellung" zum *medius terminus* gemacht habe; in dem Worte Theilvorstellung stecke aber kein Doppelsinn mehr von logisch und sinnlich. Ueberdies stehe sein Argument wörtlich in Kant: „Der Raum wird als eine unendliche gegebene Grösse vorgestellt. Nun muss man zwar einen jeden Begriff als eine Vorstellung denken, die in einer unendlichen Menge von verschiedenen möglichen Vorstellungen als ihr gemeinschaftliches Merkmal enthalten ist, mithin diese unter sich enthält. Aber kein Begriff, als ein solcher, kann so gedacht werden, als ob er eine unendliche Menge von Vorstellungen in sich enthielte", weil er eben nur einen Theil ihres ganzen Inhalts unter sich begreift. „Gleichwohl wird der Raum so gedacht; denn alle Theile des Raumes in's Unendliche sind zugleich. Also ist die ursprüngliche Vorstellung vom Raume Anschauung *a priori*, und nicht Begriff". Ist nun mein Schluss, fügt Fischer hinzu, eine *quaternio terminorum*, so ist es auch dieser Kantische: Trendelenburg nenne diese *quaternio* eine tödtliche, womit er seinen Feind erschiessen wolle; — aber das Gewehr sei nicht geladen. Ueberhaupt sei der Gegensatz von „logisch und sinnlich genommen", hier ganz unstatthaft, weil jede logisch genommene Theilvorstellung aus sinnlichen Vorstellungen abstrahirt werde. Zwei verschiedene Worte seien nicht immer auch zwei verschiedene Begriffe, bemerkt dazu die zweite Auflage. Namentlich aber durfte nicht angenommen werden, dass der Begriff logisch, der Raum sinnlich sei, vor dem Beweise, der erst die Sinnlichkeit des Raumes erhärten solle. Ehe dies geschehen, seien Raum und Zeit Vorstellungen, wie alle übrigen Begriffe. Endlich habe Trendelenburg gar nicht angegeben, was er unter jenem vermeintlichen Gegensatz verstehe.

Wo Trendelenburg dann aber einmal selbst, um einem ihm vorgeworfenen Widerspruch zu entgehen, nämlich hinsichtlich des schon oben (S. 65) getadelten Verhältnisses von Denken und Bewegung, sich nicht anders retten kann, als indem er einen vermeintlichen Doppelsinn im Denken annimmt, der gar nicht existirt, da entschuldigt er sich damit, es sei nur ein „Wortsplitter". Wogegen Fischer vortrefflich ausruft: „Wäre dieser Splitter in meinem Auge gewesen, so möchte ich den Balken sehen, den der Gegner daraus gemacht haben würde" (S. 72—73).

 c. Ein dritter Punkt ist folgender. Kuno Fischer sagt im Sinne Kants: „Wäre der Raum und die Zeit etwas Reales für sich, so würde daraus die Unmöglichkeit der Mathematik folgen; sie ist, als allgemeine und nothwendige Erkenntniss, nur möglich unter der Bedingung, dass Raum und Zeit reine oder blosse Anschauungen sind". Für diesen Punkt, entgegnet Trendelenburg, fehle wieder das Citat; höchstens könne Kant meinen, die Möglichkeit der reinen Mathematik bliebe **unerklärt**, diese sei aber darum doch nicht unmöglich. „Es handelt sich," schickt Fischer in der zweiten Auflage voraus, „um einen jener eminenten Hauptpunkte, von dessen genauester Fassung das Verständniss der Lehre abhängt," — und „für welche kein Kenner jemals den Mellin aufgeschlagen hat" (S. 44). Darauf kommt Fischer mit den philologisch gewünschten Citaten aus Kant angefahren: „Unsere Erklärung macht allein die Möglichkeit der Geometrie als einer synthetischen Erkenntniss *a priori* **begreiflich**. Also liegen doch wirklich der Mathematik reine Anschauungen *a priori* zu Grunde, welche ihre synthetischen und apodiktisch geltenden Sätze möglich machen; — und daher könnte, ohne unsere transscendentale Deduction, ihre Möglichkeit zwar eingeräumt, aber **keineswegs eingesehen werden**."

Mit Recht schliesst Fischer hieraus: „Wenn Kant nur meinte, jene Möglichkeit bliebe **unerklärt**, so wäre nicht ausgeschlossen, dass sie nach einer andern Theorie erklärt werden könnte. Wenn er aber sagt, sie bleibt **unerklärlich**, so hält er seine Theorie für die einzige Möglichkeit der Erklärung. Die Thatsache der reinen Mathematik ist nur unter dieser Theorie erklärbar; sie ist nur unter den hier aufgestellten Bedingungen möglich. Unter dem Gegentheil der Kantischen Theorie wird sie ein unmögliches Factum. Hätte sich Kant in diesem Falle," wie Trendelenburg hochweise meint, „behutsamer ausdrücken wollen und einer andern Theorie die Möglichkeit der Erklärung offen gehalten, so musste er die ganze Vernunftkritik unterlassen. Die grössere Behutsamkeit wäre in diesem Falle vollkommen nichtssagend gewesen. Diese Art der Behutsamkeit war nicht die Kantische. Es giebt eine Vorsicht, die aus Unsicherheit entspringt und unsicher bleibt: eine andere, auf die sich die Sicherheit gründet. Kants Art war die letztere." Die zweite Auflage setzt noch hinzu: „Die Vorsicht ist nicht immer die Mutter der Weisheit, sie ist häufig auch die Tochter der Unsicherheit;" und diese Art ist die Trendelenburgs.

d. Endlich greift Trendelenburg auch Kuno Fischers Darstellung der aus der Antinomien-Lehre geschöpften indirecten Beweise Kants für die Idealität des Raumes und der Zeit an, weil Fischer sagt, dieselbe werde durch alle vier Antinomien bewiesen, während Trendelenburg dies nur von der ersten gelten lassen will (S. 51—54). Und nun führt Fischer wieder die eigenen Worte Kants an, welche den Angriff zurückweisen. Kant sagt nämlich: „der Beweis würde in diesem Dilemma bestehen: Wenn die Welt ein an sich existirendes Ganzes ist, so ist sie entweder endlich oder unendlich. Nun ist das Erstere sowohl, als das Zweite falsch, laut der oben angeführten Beweise der Antithesis einer- und der Thesis andererseits. Also ist es auch falsch, dass die Welt ein an sich existirendes Ganzes sei. Woraus denn folgt, dass Erscheinungen überhaupt ausser unseren Vorstellungen Nichts sind." Wenn nun Trendelenburg dafür hält, dass das Dilemma: **entweder endlich oder unendlich**, eben nur in der ersten Antinomie vorkomme, so entgegnet Fischer, Kant spreche von Beweisen, ja füge ausdrücklich hinzu: „Man sieht daraus, dass die obigen Beweise der vierfachen Antinomie nicht Blendwerke, sondern gründlich waren." Und: „Was hier von der ersten kosmologischen Idee, nämlich der absoluten Totalität der Grösse in der Erscheinung gesagt worden, gilt auch von allen übrigen." Trendelenburg wird immer mehr von Kuno Fischer vernichtet! Und sein so unverdientes Lob, sein von Regierung, Kantianern und Hegelianern selbst so hochgetragenes Ansehen, das ihn zu einem mächtigen Manne stempelte, den Mancher fürchten mochte, ist ein für alle Mal zu Boden geworfen. Von diesem Schlage wird und kann er sich nimmermehr erholen.

Hieran schliessen sich nun noch einige kleinere Widersprüche, die Fischer begangen haben soll und Trendelenburg aufgedeckt haben will, die sich aber ebenso in Nichts auflösen.

e. Fischer soll die Habilitationsschrift Kants: *De mundi sensibilis et intelligibilis forma et principiis* (1770) mit der transscendentalen

Aesthetik der Kritik der reinen Vernunft (1781) „vermengt" haben, obgleich elf Jahre dazwischen liegen. Fischer antwortet: „Sie sind in ihren Grundgedanken völlig identisch. Kant arbeitete während dieser Zeit im Stillen an der weitern Ausbildung der kritischen Philosophie. Die Habilitationsschrift giebt schon die Lehre der transscendentalen Aesthetik: dass Raum und Zeit ursprüngliche Vorstellungen, dass diese Vorstellungen Anschauungen und keine Begriffe, dass diese Anschauungen reine Anschauungen seien". Die elf Jahre können doch den Unterschied nicht machen! Dazu kommt unglücklicher Weise für Trendelenburg noch ein an M. Herz unter dem 1. Mai 1781 nach Herausgabe der Kritik der reinen Vernunft geschriebener Brief Kants, in welchem es heisst: „Dieses Buch enthält den Ausschlag aller mannigfaltigen Untersuchungen, die von den Begriffen anfingen, welche wir zusammen unter der Benennung des *mundi sensibilis* und *intelligibilis* abdisputirten". Mit vollem Rechte schliesst Fischer daher seine Rechtfertigung: „Von einem Widerspruch zwischen der Habilitationsschrift und der transscendentalen Aesthetik weiss Kant nichts" (S. 54—56).

f. Ein zweiter Nebenpunkt ist besonders dadurch wichtig, dass dieser sich so nennende philologische Philosoph oder philosophische Philolog merkwürdige sprachliche Blössen der bedenklichsten Art giebt. Fischer sagt: „Es handelt sich um das Verhältniss der Zeit zu dem logischen Denkgesetze des Widerspruchs. Die Stelle der Habilitationsschrift lautet wörtlich: „Die Zeit giebt zwar nicht dem Denken seine Gesetze, wohl aber stellt sie die hauptsächlichsten Bedingungen fest (*praecipuas constituit conditiones*), unter deren Einfluss (*quibus faventibus*) der Verstand seine Begriffe den Denkgesetzen gemäss anwendet, wie ich denn, ob etwas unmöglich ist, nur urtheilen kann, indem ich von demselben Subject aussage, es **sei in derselben Zeit** A **und Nicht-**A". Hieraus folgt nach Fischer von selbst: „Also die Zeitbestimmung ist die Bedingung, unter der allein das Denkgesetz gilt". Trendelenburg tadelt wiederum diesen Satz als falsch: Kant behaupte blos, „dass die Zeit die Anwendung der Denkgesetze begünstige". Was vollständig sinnlos ist, während Kant ganz klar meint, dass contradictorisch entgegengesetzte Prädicate einem Dinge nicht zugleich zukommen können, sondern nur nach einander. Das ist ein lateinischer Bock, wie ich Trendelenburg in dem Commentar zu seiner Ausgabe περὶ ψυχῆς des Aristoteles nicht mindere griechische Böcke nachgewiesen habe, indem er die tiefsinnige idealistische Erklärung der Empfindung als der Identität des Empfundenen und des Empfindenden bei Aristoteles, nach Anleitung einer kantisch-kritischen deutschen Uebersetzung, zur Flachheit des gemeinen Empirismus herunterbringt (Michelet: *Commentarius ad Arist. Eth. Nicom.* V, 1, §. 20).

Auch über dies Verhältniss der Zeit zum Denkgesetze stimmt die transscendentale Aesthetik mit der Habilitationsschrift überein, obgleich Trendelenburg zwischen beiden auch hier durchaus einen Widerspruch entdecken will. Es heisst in jener: „Nur in der Zeit können beide contradictorisch entgegengesetzten Bestimmungen in Einem Dinge, nämlich nach einander, anzutreffen sein." Auch die transscendentale Logik, die schliesslich von Trendelenburg herangezogen wird, spricht nicht anders: „Wenn das Denkgesetz heisst, kein Object darf zwei Prädicate haben, die einander widersprechen, so ist die Zeitbestimmung nothwendig. — Handelt es sich aber um den Satz des Widerspruchs, als einen blos logischen Grundsatz, der, als solcher, nicht durch die Bedingung der Zeit afficirt werden darf, so muss man die Formel desselben dahin ändern: Kein Object darf ein Prädicat haben, welches ihm selbst widerspricht". „Wo ist da," fragt Fischer, „der schreiende Widerspruch, der fundamentale Irrthum der Darstellung," die Trendelenburg nun einmal schlechterdings in Kuno Fischer gefunden haben will? „Es gehört in der That," bemerkt dieser, „kein Studium Kants, sondern nur eine einigermaassen gesammelte Art des Lesens dazu, um hier keinen Widerspruch zu finden."

2. Der zweite Hauptpunkt des Angriffs ist der, dass Fischer zufolge aller dieser unkantischen Behauptungen (!) eine durch dialektische Künste verdorbene Geschichtsschreibung der Philosophie geliefert habe. Die Vertheidigung Fischers dagegen beschliesst seine Broschüre (S. 64—77). Hier rechtfertigt er sich gegen den Vorwurf, als ob er die Citate bespöttele; aber man müsse nicht eine wahrhafte „Stellenjägerei" üben. Das sei nicht die Sache eines echten Philologen, wie Trendelenburg doch in seiner „nachforschenden und nachrechnenden Probe" (vergl. S. 42 und 44) einer sein will. Man dürfe nicht die Citate unrichtig und unmethodisch auflesen, noch falsch verstehen: sondern müsse sie kritisch und in ihrem Zusammenhange benutzen, wenn man eine Lehre beurkunden wolle; sonst verwirre man sie nur, was auch Trendelenburg begegnet sei. Einen Philosophen blos abschreiben und Auszüge aus seinen

Werken machen, heisse nicht, seine Lehre darstellen. Dennoch wolle dies Trendelenburg, und tadle daher, dass bei Fischer alle Philosophen, statt in ihrer eigenen, in derselben Sprache redeten, und seine Geschichtsschreibung das System nur in freierer Nachbildung wiedergebe. —

Und nun hat alles Vorhergehende gezeigt, wie genau Fischer jeden von ihm aufgestellten Satz Kants zu belegen wusste, und wieviel Unkantisches bei Trendelenburg mit unterlief. Wer einen Philosophen durch Excerpiren darstellen will, lässt oft die Hauptsache aus; er weiss eben nicht, was die Hauptsache ist. Daher sagt Fischer sehr gut: „Nichts kann einem Philosophen seine eigene Sprache mehr verkümmern, als wenn eine fremde Hand sie zerstückelt. Zur einleuchtenden Wiedergabe eines philosophischen Systems giebt es nur Eine wahre und fruchtbare Methode; das ist die umfassende, aus den bewegenden Grundgedanken des Philosophen geschöpfte, auf die historisch-kritische Einsicht in den Inhalt und den Entwickelungsgang seiner Schriften gegründete Reproduction." So allein kann man in der That, als Philosoph, den Geist eines Philosophen fassen, während der Philolog meist am Buchstaben kleben bleibt.

Kuno Fischer endet mit einer allgemeinen Schilderung Trendelenburgischer Polemik: „Bei mir finden sich alle schlechten Geister der Polemik beisammen, die Wortgefechte und Wortkünste, der gereizte Ton, die wendungsreiche Dialektik der Verstimmung, der Uebermuth der Sprache. Dagegen waltet in seiner Polemik der ruhige und starke Geist der Sachkenntniss, der milde Ausdruck der Wahrheit, der echte Geist der Geschichtsschreibung, die für das Urkundliche und Thatsächliche das zarteste Gewissen hat und die Verletzung desselben mit strengem Namen rügt. Der Gegner ist verblendet durch eine zu grosse Meinung von dem Gewicht und dem Machtgebiet seiner Worte. Wenn ich die Pflicht habe, die überführten Stellen zu berichtigen, so hätte er zuerst die Pflicht erfüllen sollen, zu überführen. Eine dieser Stellen nach der Ansicht des Gegners berichtigen, hiesse: das Verständniss der Kantischen Lehre und meine Darstellung derselben von Grund aus verderben. Was er seine Ueberführung oder seine Nachweise nennt, giebt uns nichts, als ein bemerkenswerthes Zeugniss, wie es in Deutschland, selbst unter Fachgelehrten, mit der Kenntniss der Kantischen Lehre steht, gerade ein Jahrhundert nach ihrer Gründung. Das

Sprichwort sagt nicht, was man thun muss, um ein Philosoph zu werden; aber es sagt, was man in gewissen Fällen zu lassen hat, um einer zu bleiben."

3. Was mir nun noch zu erörtern übrig bleibt, ist drittens, den praktischen Nutzen aus dieser ganzen Polemik zu ziehen, damit sie eben nicht in ein unfruchtbares Wortgezänk ausarte. Ihr Resultat ist aber dieses, dass, wenn die Gegner immer auf Kant zurückweisen, von ihm alles Heil erwarten, durch ihn die Umkehr des Rausches zur Nüchternheit herbeiführen wollen, sie vielmehr, ohne es zu wissen, ganz von den Schelling-Hegel'schen Principien angesteckt sind. Trendelenburg behauptet die Identität von Sein und Denken, die Ursprünglichkeit der Bewegung im Geiste; er will die Lücke Kant's ergänzen, dem Raum und der Zeit auch die Objectivität vindiciren, weil Kant Unrecht thue, Subjectivität und Objectivität auseinander zu halten. Warum sollen wir also wieder zu Kant zurückkehren, nachdem unsere Gegner zu uns herübergekommen sind? Aber wir wollen ihnen den Gefallen thun, bis auf unseren Kant, nicht auf ihren zurückzugehen. Ich meine nämlich: bis zur ersten Auflage der Kritik der reinen Vernunft, nicht blos bis zur zweiten, wie sie. Ja, wir sind die Kantianer von 1781, nicht die von 1787, oder noch späterer Daten, wie sich Andere rühmten. Durch eine echt dialektische Geschichtsschreibung, nicht durch blosses Citiren, Aufschütten von Stellen, Hin- und Herblättern in Wörterbüchern haben wir uns selbst als die nothwendige Consequenz Kant's, durch die Diadoche von Fichte und Schelling hindurch, dargelegt, während unsere Gegner nie dazu gelangten, diese Folgerungen zu ziehen, eben weil sie Kant nicht verstanden haben.

Also der Kardinalpunkt Kant's ist doch: Wir erkennen nur Erscheinungen, nicht die Dinge an sich. Diese Erkenntniss hat einen empirischen Stoff, den wir von den Dingen an sich erhalten, — das sind die Anschauungen oder Vorstellungen; und eine Form, die wir aus uns selbst nehmen, — Raum, Zeit und die Kategorien. Wenn nun, wie Kant hypothetisch in der ersten Ausgabe der Kritik der reinen Vernunft aussprach, unser Ich und das Ding an sich eine und dieselbe denkende Substanz ist, so sind die empirischen Anschauungen ebenso gut unser Eigenthum. Die Empfindung ist durch das Subject mit bestimmt, wie schon Aristoteles und besonders Schopenhauer es so scharfsinnig entwickelte, während umgekehrt Raum, Zeit und Kategorien auch den Dingen an sich zukommen. Hat nicht Herbart schon ganz richtig Kant eingewendet, dass, wenn er den Stoff der Erfahrung von den Dingen an sich stammen lasse, er ihnen damit die Causalität zuschreibe, da doch zugleich die Kategorien nicht auf sie angewendet werden sollten. Wenn aber nur durch Raum, Zeit und Kategorien, nicht durch die aposterioristischen Vorstellungen Nothwendigkeit und Allgemeinheit nach Kant in unsere Erkenntniss kommt, so hat er damit der gewöhnlichen Empirie den Garaus gemacht, und die aprioristische Erkenntniss zu Ehren gebracht: ja in dem Schematismus der reinen Verstandesbegriffe recognoscirt er sogar die Anschauungen und Bilder in Begriffen, deren Realität dadurch dargethan werde. Wie kann Trendelenburg also Kant dazu missbrauchen wollen, die von der speculativen Philosophie behauptete Identität des Begriffs und der Realität zu bekämpfen?

Wenn dann, durch Kants Hypothese und indirecte Folgerungen, wie durch seiner Nachfolger directe Zugebungen und Erklärungen, die Lehre gefallen ist, dass unsere Erkenntniss nur transscendental sei, nicht auf's Object transscendire, — wenn unser Denken in der That mit den Dingen an sich, als den objectiven schaffenden Gedanken der Welt coincidirt: so ist auch die Ideenlehre der Vernunft nicht mehr etwas Transscendentes, sondern Immanentes, weil eben die Schranke des Verstandes eingerissen. Die Ideen sind nach Kant die Kategorien auf's Unendliche übertragen, in's Unendliche erweitert. Das Unbedingte des denkenden Subjects, als Substanz aufgefasst, ist die Idee der Seele: das Unbedingte, als vollendete Reihe von Ursachen und Wirkungen, die Idee der Welt: das Unbedingte, als absolute Totalität der objectiven Bedingungen aller Gegenstände des Denkens, die Idee Gottes. So lange es nun feststand, dass die Kategorien nicht auf die Ideen angewendet werden dürfen, sondern nur für's Endliche gelten, wies Kant mit Recht in der transscendentalen Dialektik nach, dass sie überfliegend würden und sich in Widersprüche verwickeln würden, wenn sie, über die Erscheinungen hinaus, auf die Dinge an sich bezogen würden. Kants Dialektik ist daher nur negativ. Sobald aber die Begriffe im Sein wiedergefunden werden, hört das Unvermögen der Vernunft, mit ihrer Hülfe bis zur positiven Erkenntniss durchzudringen, auf. Dies liegt in der That in Kants eigenem Sinne. Denn wenn der Eine Gegensatz, ohne Advocatenbeweis, so feststeht, wie der andere, und doch zugleich einer den anderen widerlegt: so fallen sie in einem dritten positiven Resultate, als aufgehobene und doch zugleich aufbewahrte Momente, zusammen, und bilden eben in ihrer Einheit die Vernunfterkenntniss gerade so, wie der Gegensatz des Subjectiven und des Objectiven, der Erscheinung und des Dinges an sich sich auflöste, während der Verstand sie auseinander hält.

Was ist also hiernach die Schlussfolge, die wir, die wahren Söhne Kants, aus seiner echten Lehre ziehen? Diese, dass die Erscheinung, weil sie eben kein Schein, sondern die Erscheinung des Dinges an sich ist, nur die Verendlichung des Unendlichen bildet, welche, mitten im bestehenden Gegensatze, die Einheit des Unbedingten enthält. Bei Hegel sind die Gegensätze der Erscheinung ebenso real, wie die Einheit der Idee; bei Schelling sind die Gegensätze nur ideell, real allein die Einheit. Wenn wir also auch die empirische Realität von Raum und Zeit in der Aussenwelt nicht leugnen, so halten wir doch an ihrer speculativen Idealität fest, insofern die in sie gefasste Erscheinungswelt nicht das an und für sich seiende Wesen der Dinge ist, und eine vollendete Reihe der räumlichen und zeitlichen Erscheinungen in der Unendlichkeit überhaupt keine Wirklichkeit hat. Unsere Lehre daher auf die Kantischen Ideen beziehend, sagen wir: Die unendliche Summe der Erscheinungen unseres Ich schliesst selbst die substantielle Thätigkeit der Seele in sich. Die in der Erscheinung endliche, in der Idee unendliche Welt ist, als endliche, die nie abbrechende, stets unvollendete Reihe der mechanischen Ursachen und Wirkungen in äusserer Nothwendigkeit: als unendlich, die Causalität der Freiheit oder innere Nothwendigkeit nach dem ihr immanenten Zweckbegriffe. Die unendliche Wechselwirkung von Bedingtem und Bedingendem aber ist, als das in der Reihe der endlichen Thätigkeiten sich selbst Bedingende, die absolute Totalität der objectiven Bedingungen aller Gegenstände des Denkens, d. h. das Unbedingte. Alle zufälligen Dinge wurzeln so im Nothwendigen: alle endlichen Zwecke der Welt im absoluten Endzwecke; der subjective Begriff Gottes, seine transscendentale Erkenntniss schliesst selbst sein objectives, der Welt immanentes Wesen in sich, weil der Gedanke der Welt auch unser Denken. Wie die drei Beweise vom Dasein Gottes nicht mehr in der Subjectivität des Begriffs stecken bleiben: so lösen sich auch die Widersprüche der vier kosmologischen

Antinomien, und die vier Paralogismen der rationellen Psychologie in der Coincidenz des Ich mit dem objectiven Gedanken, als dem Dinge an sich, auf. Und am Anfang dieses Jahrhunderts ist die Metaphysik aufgestellt worden, welche Kant für das Ende des vorigen prophezeit hatte.

Philosophie des Unbewussten.

Versuch einer Weltanschauung. Von E. v. Hartmann Dr. phil.

Habemus papam erschallt es im Christlichen Rom vom Capitole herab, wenn das Conclave der Kardinäle seine Wahl getroffen hat. Und sollte auch nicht, wie einmal aus einer bekannten Veranlassung, der Aufenthalt darin unleidlich geworden sein, stets beeilen sich die Eminenzen mehr, als die deutschen Philosophen nach Hegels Tode gethan haben, einen neuen Papst zu bekommen. Weder Herbart, noch Krause, weder Schopenhauer, noch — Trendelenburg hat sich auf den Gipfel des philosophischen Berges zu schwingen vermocht. Wäre es nach 40 Jahren der „Philosophie des Unbewussten" gelungen? Das Buch soll bis nach Wien hin stark gelesen worden und bereits vergriffen sein. Der Urheber des Systems hat seine grossen Vorgänger ehrend anerkannt, und räumt ein, aus ihnen reichlich geschöpft zu haben, von Leibnitz und Spinoza bis auf Schelling und Hegel, und auch weiter zurück. Dabei hat er die inductive Methode, nachdem er von Anfang an gegen die dialektische eine unüberwindliche Abneigung empfunden, sich zu seinem Wegweiser erkoren, und bei augenscheinlicher Benutzung der Resultate neuerer Naturforschung eine gute Dosis Materialismus uns mit in den Kauf gegeben. So wird z. B. der thierische Organismus mit einer Dampfmaschine verglichen (S. 129), umgekehrt aber auch die Materie zu einer blossen Erscheinung, ähnlich wie bei Kant, gemacht (S. 460); und so schwirrt denn überhaupt der Kant'sche Kriticismus öfter als Grundton durch.

Ist der Leser durch diese vorläufigen Angaben begierig geworden, das Nähere zu erfahren, so wollen wir nicht ermangeln, darauf einzugehen, — damit er beurtheilen könne, ob hier ein Fortschritt über das neueste System hinausgethan worden; oder nur das Alte in ein gefälligeres Gewand gehüllt, so wie mit neuen Stützen und Argumenten bestätigt worden sei, — immerhin ein verdienstliches Unternehmen, das wir keineswegs zu schmälern gewillt sind, weil es eben die ungeschwächte Kraft des Alten bezeugt, und wesentlich dazu beitragen wird, die Philosophie populärer und zugänglicher zu machen.

Das letzte Kapitel des Buchs ist überschrieben: „Die letzten Principien" (S. 644—678). Ich konnte der Versuchung nicht widerstehen, mit dem Lesen dieses Kapitels den Anfang zu machen. Denn wenn der Verfasser, seiner empirischen Methode gemäss, diese Principien auch als die letzten Resultate seiner Forschung angesehen wissen wollte, so konnte für einen Dialektiker und Kenner der Geschichte der Philosophie, wenn ich mich als solche bezeichnen darf, nichts interessanter sein, als aus diesen vorweggenommenen Blüthen und Früchten den ganzen Entwickelungsgang und Inhalt der Forschung gleich aus dem richtigen Standpunkte übersehen, und demnächst unparteiisch erörtern zu können. Dies halte ich nun auch dafür, dass es mir gelungen sei.

Herr v. Hartmann selbst führt seine Philosophie des Unbewussten hier am Schlusse auf vier Quellen zurück: „Von den grossen Philosophen treffen mit unsern Principien am meisten zusammen Plato und Schelling, Hegel und Schopenhauer" (S. 645). Hier scheint mir Schopenhauer — also auch ein grosser Philosoph! — ein richtigeres Bewusstsein, als der Verfasser, über sich selbst zu haben. Denn während Schopenhauer sich sehr richtig aus Kant, Plato und dem Buddhismus zusammengesetzt behauptet, hat Herr v. Hartmann mit grossem Unrecht bei dieser Quellenangabe Kant übersehen und übergangen, da er doch dem Kriticismus so nahe steht, dass er sogar bis in die blosse Wahrscheinlichkeitslehre (S. 678) der neueren Akademie hineingeräth. Und schliesslich hätte er doch die Glückseligkeitslehre Epikurs, welche die Lust zum Princip macht, nicht vergessen sollen, da sie das Endresultat seiner Lehre, aber mit sehr pessimistischer Färbung, wie die Leibnitz'sche Metaphysik mit ihrem Optimismus den Ausgangspunkt derselben bildet. Wenn Herr v. Hartmann so eine erkleckliche Menge von Philosophen in seine Weltanschauung zusammenfasste, so ist nur zu bedauern, dass er den Born der Geschichte der Philosophie nicht gänzlich ausschöpfte, — nicht, wie Hegel, als eine organische Totalität zu fassen vermochte, wodurch das wahre System zum Durchbruch bei ihm gekommen wäre; sondern dass er nur eklektisch einen Strauss zusammenflocht', dessen Lückenhaftigkeit nicht unbemerkt bleiben konnte.

Indem Hr. v. Hartmann, seinem Motto getreu: „Speculative Resultate nach inductiv-naturwissenschaftlicher Methode," zwischen den drei Methoden, die ihm als Wege der Forschung offen lagen, der Dialektik der Deduction und der Induction, sich für die letztere entschied, können wir seine früheren Ungerechtigkeiten gegen die dialektische Methode hier um so eher übergehen, als er einerseits auch die deductive Methode verwirft, weil sie „ihre eigenen Principien, wie schon Aristoteles wusste, überhaupt nicht beweisen kann," und „zu ihren Principien durch einen Luftsprung von mystischer Natur" gelangt (S 8): anderseits der Dialektik jetzt die Gerechtigkeit widerfahren lässt, dass sein Werk „den Tendenzen der Vertreter der dialektischen Methode durch einen gewissen positiven Gegensatz gegen gemeinschaftliche Gegner entgegenkommen dürfte" (S. 5). Ja, der Verfasser ist nicht blind gegen den Mangel der Induction; indem diese nicht zu letzten Principien noch zu einem einheitlichen System der Wissenschaft, die Speculation nicht zur Erklärung der Wirklichkeit und zur Mittheilbarkeit komme: so schliesst der Verfasser sehr gut hieraus, „dass das Ganze sich nicht von Einer Seite her begreifen lässt, sondern dass man die Sache zugleich von beiden Seiten auffassen muss, die sich ebenbürtig gegenüber stehen" (S. 9—10). Nun, darum verbinden wir Dialektiker eben beide Methoden, die ja auch nach dem Verfasser nur in ihrer Uebereinstimmung die Wahrheit ergeben können (S. 11). Warum aber beschränkt er sich hier auf den einseitigen Lehrweg der Empirie, und gelangt so nur zu Wahrscheinlichkeiten (S. 2)? ungeachtet seiner halsbrechenden mathematischen Formeln (S. 21, 27—29, 663), die, im Herbart'schen Geschmack auftretend, der Philosophie jede Esslust verderben. Dies scheint der Verfasser denn auch geahnt zu haben, indem er uns grossmüthig erlaubt, „dieses Kapitel immerhin ungelesen zu lassen" (S. 24).

Den Inhalt, den Herr v. Hartmann der philosophischen Welt durch diese Methode vorführen will, besagt der Titel des Werkes. Sein grosses Princip ist das Unbewusste; und er erzählt, wie er durch Leibnitz darauf gekommen sei. Dieser habe die unbewussten Vorstellungen entdeckt, und sie für das Band erklärt, welches jedes Wesen mit dem ganzen übrigen Universum verbinde. Und so bekennt der Verfasser mit Freuden, dass seine Untersuchungen durch die Lectüre Leibnitzens angeregt worden seien (S. 13—14). Ihr Gang ist aber der, dass, nachdem der Verfasser in einem ersten Abschnitte das grosse Princip des Unbewussten in der Natur und in der Leiblichkeit (S. 37—153), in einem zweiten auf dem Gebiete des menschlichen Geistes zur Anschaulichkeit gebracht hat (S. 155—315), er sich in einem dritten zur „Metaphysik des Unbewussten" erhebt (S. 317—678); wo dasselbe, „zur All-Einheit erwachsen, das Weltall umfasst, und sich zuletzt plötzlich als das darstellt, was den Kern aller grossen Philosophien gebildet hat, Spinoza's Substanz, Fichte's absolutes Ich, Schelling's absolutes Subject-Object, Plato's und Hegel's absolute Idee, Schopenhauer's Wille u. s. w." (S. 3). Wir treffen hier auf diese Weise lauter gute alte Bekannte. Diese wesentliche Uebereinstimmung seiner Principien mit denen der grössten metaphysischen Systeme bestärkte den Verfasser dann natürlich in der Ueberzeugung, dass er sich auf dem rechten Weg befinde (S. 655). Und so ist denn das letzte Kapitel seines Buchs allein damit beschäftigt, diese Uebereinstimmung ausführlich darzulegen. Es kann uns nur im höchsten Grade willkommen sein, zu sehen, wie ein gewissermaassen auf einsames, emsiges Studium angewiesener Mann, nachdem er sich mit den wesentlichen Resultaten alter und neuer Speculation bekannt gemacht, nun den empirischen Naturforschern, deren neueste Entdeckungen auf allen Gebieten er sich ebenfalls angeeignet hat, nachweist, dass auch ihr gesammtes Wissen lediglich auf die Resultate der dritthalbtausendjährigen Arbeit des philosophirenden Geistes hinausläuft.

1. Betrachten wir nun erstens die Natur dieses grossen Unbekannten, das Herr v. Hartmann das Unbewusste nennt, so meint er zunächst, es habe viel Aehnlichkeit mit dem, was Hegel als die absolute Idee in ihrem Ansichsein vor Erschaffung der Natur und des Geistes bezeichnet (S. 18). In der That, Herr v. Hartmann macht das Ansichsein zum Höchsten. Das Unbewusste offenbart sich ihm daher als „intellectuelle Anschauung, unmittelbares Wissen, — immanente Logik" (S. 243). Das Bewusstsein könne sich nimmermehr eine directe Vorstellung von der Art und Weise

machen, wie das Unbewusste vorstellt, höchstens mit Wahrscheinlichkeit vermuthen, dass im Unbewussten die Dinge so vorgestellt werden, wie sie an sich sind. Das Reich des Unbewussten sei damit die intelligible Welt Kants. Das Unbewusste denke also raum- und zeitlos; es fasse jeden Denkprocess mit seinem Resultate in Einen Moment zusammen (S. 321—322). Das Unbewusste sei subjectiv und objectiv mit Einem Schlage (S. 353), und über diese Gegensätze erhaben, könne aber zu jedem derselben werden (S. 675). Im Unbewussten seien alle Ideen zeitlos in einander, sein Denken sei unserem subjectiven Denken schlechthin entgegengesetzt; doch sei die Bezeichnung „objectives Denken" unzutreffend, weil einseitig. Wir können nur behaupten, dass das Unbewusste nicht so vorstellt, wie wir. Da das Subjective ausgeschlossen sei, so dürfte nichts übrig bleiben, als der objective Process, dessen subjective Erscheinung das Bewusstsein sei (S. 666—667). Hier wird das Denken des Unbewussten unserem Verfasser sogar zu einem „transscendent-absoluten" (S. 675). Es gebe nur Ein Unbewusstes, die in allen Individuen identische Weltseele. Die Individuen seien mit ihrem Bewusstsein blos Erscheinungsformen des all-einen absoluten Individuums. Man dürfe also nur Ein Ding an sich, nicht, mit Kant, viele annehmen (S. 453—458). Nur will Herr v. Hartmann sich von Kant wieder dadurch unterscheiden, dass ihm die Erscheinung nicht für subjectiv, sondern, wie bei Schelling und Hegel, für objectiv gilt (S. 461).

Hiernach polemisirt der Verfasser durchaus gegen eine selbstbewusste Persönlichkeit des Absoluten, da das Bewusstsein überhaupt eine Beschränkung sei (S. 463). Nichtsdestoweniger kommen mannigfache Aeusserungen vor, nach welchen der Verfasser doch wieder in den Anthropomorphismus und in den Anthropopathismus gefallen zu sein scheint, indem er dem Unbewussten ganz persönliches Thun zuschreibt. So lesen wir einmal, dass das Unbewusste eingreift, wenn es seine Eingriffe auch auf ein Minimum von Kraftaufwand beschränkt (S. 477—478). Werden diese Eingriffe dann auch als nicht willkürliche, sondern gesetzmässige bezeichnet (S. 522), so liegt darin doch eigentlich eine *contradictio in adjecto*. Ein ander Mal macht das Unbewusste es sich stets so bequem als möglich (S. 486), und schickt lieber eine Missgeburt in die Welt, als dass es sich mit Ueberwindung der vorliegenden Schwierigkeiten abquäle (S. 491). Die Erklärung dieses scheinbaren Widerspruchs liegt in dem Hauptprincip des Verfassers, zu welchem wir jetzt kommen. Dies ist nämlich das von Empedokles und Anaxagoras dunkel, von Aristoteles mit vollkommener Klarheit ausgesprochene, von Kant wiedererweckte Princip der immanenten Zweckthätigkeit des Universums, die, als objective Natur der Dinge, des Bewusstseins gar nicht bedarf. Diese unbewusste Intelligenz, sagt der Verfasser, sei nicht die Vorsehung eines ausserhalb des Individuums stehenden Geistes, sondern die individuelle Vorsehung, nämlich der dem Individuum immanente Zweck selbst. „Wozu noch einen Gott in's Spiel bringen," ruft er aus, „wo das Individuum mit den uns bekannten Fähigkeiten allein fertig werden kann?" Das Thun des Unbewussten nennt er dann Instinct, Hellsehen, Ahnen (S. 24, 54, 70, 80, 94, 101, 299); und schreibt ihm Irrthumlosigkeit, absolute Sicherheit und Selbstgewissheit ohne Zaudern, Schwanken und Zweifeln zu" (S. 67). Wie bei Melissus, erkrankt und ermüdet das Absolute nie (S. 319). Ohne Gedächtniss weiss es Alles, ist überhaupt vollkommen (S. 325—326), also auch allweise (S. 520). Natürlich ist im Ansich kein Fehl, weil es nicht in die Endlichkeit und Beschränkung herausgetreten, aber darum auch nichts Wirkliches, sondern ein leeres Ideal, ein Hirngespinst ist, während Hegel mit Recht das Höchste nur in der Einheit des Ansichseins und des Fürsichseins setzt. Die Philosophie hat also keinen anderen Zweck, als diesen dunkelen Urgrund des Unbewussten aus dem nächtigen Schacht der Seele an den hellen Tag des Bewusstseins heraufzufördern. Inwiefern Herr v. Hartmann als Philosoph hinterher doch gewissermaassen gezwungen wird, diese Versöhnung des Unbewussten mit dem Bewusstsein, wenn auch auf seine Weise, anzustreben, werden wir zuletzt sehen.

Zunächst setzt unser Verfasser nur das Bewusstsein als das Schlechte dem Unbewussten gegenüber. Was den Ursprung des Bewusstseins betrifft, so findet er ihn in der Reaction der Seele auf einen Hirnreiz (S. 23). „Alle bewusste Vorstellung hat die Form der Sinnlichkeit, das unbewusste Denken kann nur von unsinnlicher Art sein" (S. 320). „Alle krankhaften und schlechten Auswüchse stammen aus dem Bewusstsein" (S. 324). Die Gehirnschwingungen seien die unerlässliche Bedingung des Bewusstseins. Wegen der Wesensgleichheit von Geist und Materie, sei die Form des Unbewussten das Ursprüngliche, die des Bewusstseins aber ein Product des unbewussten Geistes und der materiellen Einwirkung auf denselben (S. 347).

Das Bewusstsein sei die Spaltung in Subject und Object (S. 353), Gegensätze, die erst mit der Entstehung des Bewusstseins eintreten (S. 675); es sei also der blosse Ausdruck eines Widerstreits entgegengesetzter Thätigkeiten (S. 461). Das Bewusstsein gehöre nicht zum Wesen, sondern nur zur Erscheinung; es sei nicht die Seele, sondern nur eine Vielheit der Erscheinung des Einen (S. 453), des Unbewussten, als des Wesens der Welt (S. 461). Die Seele selbst sei nur die Summe der auf den betreffenden Organismus gerichteten Thätigkeiten des Einen Unbewussten (S. 467). Auf diese Weise ist unserem Verfasser das Bewusstsein recht eigentlich der Sitz der Endlichkeit, während er das Unbewusste mit der ganzen Strahlenkrone der Unendlichkeit ziert. Doch werden wir gleich sehen, wie diesem Verächter der Dialektik diese Gegensätze geradezu in einander umschlagen. So kommt also zunächst der Satz vor (S. 209): „Trotz aller Einseitigkeit und Beschränktheit steht das Bewusstsein doch für diese Welt an Wichtigkeit über dem Unbewussten." Was der Zusatz: „für diese Welt" bedeutet, wird sich bei der Enthüllung des Endzweckes der Welt ergeben. Da ferner die Steigerung des Bewusstseins der directe Zweck des Thierreichs sei (S. 140), im Menschen, als der höchsten thierischen Organisation, das Bewusstsein am vollkommensten werde (S. 107—108): so scheint auch hieraus zu folgen, dass das Bewusstsein höher, als das Unbewusste, das eben bei den niedern Thieren als ihr Instinct überwiegt. Der grösste Nachtheil des Unbewussten endlich sei das Tappen im Finstern, während das Bewusstsein, als Selbstthat, den Menschen mit dem beseligenden unendlichen Streben nach Vervollkommnung erfülle (S. 312—313). Doch wir werden zugleich inne werden, dass diese Steigerung des Bewusstseins im Weltprocesse dem Verfasser nur als ein Mittel gilt, dessen das Unbewusste selber sich bediene, um den Endzweck der Welt zu erreichen.

Was nun dieser Endzweck sei, der aus Neoschellingianismus und Eudämonismus von unserem Verfasser zusammengeschweisst wird, kann nur erhellen, wenn wir die näheren im Unbewussten enthaltenen Momente angeben. Wie Spinoza in seiner absoluten Substanz die zwei Attribute der Intelligenz und des Willens unterschied (S. 671), Schopenhauer die Welt als Vorstellung und Wille (S. 634) fasste: so sind auch bei unserem Verfasser dies die beiden Zweige des Unbewussten (S. 3, 326), die — und hier meint er dem Hegelschen Begriffe der Entwickelung zu folgen (S. 611) —

aus ihrer unaufgeschlossenen, unschuldigen Einheit durch den unseligen Zwiespalt der Welt hindurch zur Erlösung von der Unlust wieder in die reine, an sich seiende Potenz zurückkehren. Das Dritte ist aber bei Hegel nicht die blosse Rückkehr in's Erste. Dieser Process, meint dagegen Herr v. Hartmann, könne sich schon öfter abgespielt haben, da im Unbewussten keine Erinnerung vorhanden sei, es also durch den einmal zurückgelegten Weltprocess nicht alterirt worden sei, sondern sich am Ende der Welt ebenso befinde, als vor dem ersten Beginne derselben. Und da mit dem Ende Eines Weltprocesses die Zeit aufhöre, so sei auch bis zum Beginne des nächsten keine Pause gewesen (S. 660—663). Die Zeit hat also eigentlich — und das ist das Richtige — nicht aufgehört.

Das Verhältniss von Vorstellung und Wille und Beider zum Bewusstsein wird dann also beschrieben. Der Wille — und der fällt mit dem Streben der Atomkräfte zusammen — sei die letzte unbekannte immanente Ursache jeder Bewegung (S. 47, 418, 423). Wo, beiläufig gesagt, dem Verfasser, wie manchem Atomistiker unserer Zeit, der Stoff „ein Wort ohne Begriff" ist, wenn er nicht als System von Kräften gefasst werde (S. 416). Das Wollen setze zwei Zustände voraus, den gegenwärtigen, als den Ausgangspunkt, und den zukünftigen, als den Zielpunkt, worin es übergehen will. Der zukünftige sei nur als Vorstellung in ihm enthalten; ebenso könne der gegenwärtige nur insofern Ausgangspunkt werden, als er empfunden, d. h. vorgestellt wird. Das Streben des Willens sei die leere Form, den Inhalt gebe erst die Vorstellung, nämlich als den Gegenstand des Triebes; so existire kein Wollen ohne Vorstellung (S. 83—85). Der Wille an und für sich sei unter allen Umständen unbewusst; die Vorstellung aber, welche den Inhalt des Willens bilde, könne sowohl bewusst als unbewusst sein. Wenn sich der Wille affirmativ zum Inhalt seiner Vorstellung verhalte, so bleibe sie unbewusst. Da das Bewusstsein aber eine Erscheinung des Gegensatzes sei, so komme der unbewusste Wille dadurch in einer bewussten Vorstellung zum Vorschein, dass er in Opposition gegen etwas nicht von ihm Ausgehendes, als Unlust Empfundenes, trete, also negativ gegen sein Object werde (S. 360—362). So wird erst im Menschen, welchem das Bewusstsein innewohnt, der Instinkt als überflüssig (S. 168) zurückgedrängt, damit im Kampf des Bewusstseins das Unbewusste den Weltzweck zum Siege führe.

Es bleiben uns nun noch zwei Punkte übrig: dieses Unbewusste durch die Reihe der Lebendigen hindurch zu verfolgen; und zum Schluss das Ziel des Weltprocesses, wie Herr v. Hartmann es sich ausmalt, zu schildern.

2. Der Verfasser weist hier zweitens mit grosser Kenntniss der Naturwissenschaften nach, wie sowohl in der Leiblichkeit als im menschlichen Geiste der aus den Ganglien stammende Wille (S. 43) als „die Form der Causalität von Idealem auf Reales" (S. 86), als dieses unbewusste Streben der Kraft, kurz als Instinct, das wirkende Princip aller Thätigkeiten des Thier- und Pfanzenreiches sei (S. 423). Es sei schon Instinct, wenn viele Pflanzen ihre Blumenkronen beim Regnen schliessen (S. 381). Zwischen Thieren und Menschen sei nur ein gradueller, kein wesentlicher Unterschied. Auch Thiere zeigen Willen, wie bekanntlich die Ameisen Kriege führen und zu dem Ende sogar eine Kriegerkaste haben (S. 39–41). Da jede Einmischung des Hirnbewusstseins nur hemmend und störend wirkt, so gehen Maulthiere sicherer, als Menschen, auf gefährlichen Wegen; ebenso auch Nachtwandler (S. 94). Auch die unbewusste Naturheilkraft der Thiere setzt der Verfasser im Instinct (S. 104), und behauptet daher, dass Beide abnehmen, je höher wir auf der Stufenleiter des Thierreichs steigen, im Menschen also am geringsten seien (S. 107). Er schliesst diesen ersten Abschnitt seines Buches mit dem sehr richtigen Gedanken, „dass die unbewusste Seelenthätigkeit selbst sich ihren Körper zweckmässig bildet und erhält" (S. 153).

Im folgenden Abschnitt weist der Verfasser nun „das Unbewusste im menschlichen Geiste" nach, wenn auch der eigentlich thierische Instinct zurücktrete. Hier begegnet ihm aber der Irrthum, unbewusste Regungen, wie z. B. die der Schamhaftigkeit, unmittelbar aus einem höheren Instincte zu erklären (S. 161), während dieser Affect doch wohl nur durch Erziehung und Anleitung aus der bewussten Reflexion wieder in die Gefühlssphäre zurückversetzt worden. Mit Recht aber rechnet Herr v. Hartmann zu den menschlichen Instincten die Mutterliebe (S. 163); selbst das Unterrichten sei ein Naturtrieb (S. 167), ebenso beim Mann der Drang, einen Hausstand zu gründen (S. 169). Und so kommt unser Verfasser auf das Unbewusste der geschlechtlichen Liebe, die er in einem eigenen Capitel ausführlich behandelt, und dabei streng den Fusstapfen Schopenhauers folgt. Sein Pessimismus bricht hier zum ersten Mal hervor; und mit grossem Cynismus verdammt er, noch ehe er „betheiligt war", das geschlechtliche Treiben der Menschheit als eine Verrücktheit (S. 178). Das Unbewusste darin wird dann folgendermaassen deducirt: der Mensch, dem mannigfaltige Mittel, diesen physischen Trieb zu befriedigen, zu Gebote stehen, unterzieht sich dem unbequemen, eklen, schamlosen Geschäft der Begattung, weil ein Instinct ihn dazu treibe. Der Zweck der Zeugung liege eben ausserhalb des Bewusstseins (S. 172). Die Illusion beim Liebesgenuss sei eine Prellerei des Egoismus zu Gunsten fremder Zwecke (S. 561). Die Gefühlsüberschwenglichkeit der Liebe habe nämlich, ohne es zu wissen, keinen anderen Zweck, als die Geschlechtsbefriedigung mit diesem bestimmten Individuum; und diese sei wiederum nichts, als der trügerische Köder, durch welchen das Unbewusste für eine der menschlichen Gattung möglichst entsprechende Zusammensetzung und Beschaffenheit der nachfolgenden Generation Sorge trage (S. 179—181). Der Wahn eines höheren Genusses sei also das unbewusste Mittel, welches den unbewussten Zweck einer gewissen Beschaffenheit des Erzeugten herbeiführe (S. 184, 561).

Auch für die Moralität bleibt unserem Verfasser lediglich der „unbewusste Factor übrig". Das ethische Moment des Menschen liegt ihm sogar „in der tiefsten Nacht des Unbewussten". Daraus zieht er dann die im vorigen Jahrhundert beliebte sehr dürftige Consequenz vom umgekehrten Verhältniss des Kopfes und des Herzens: „So sehen wir historisch, dass Köpfe von eminenter geistiger und wissenschaftlicher Befähigung und Bildung nicht selten moralisch schlechte Menschen sind; und dass umgekehrt die reinste, ungetrübteste Moralität in einfachen Menschen von geringer Geistesbildung wohnt" (S. 206—207). Wo kann Herr v. Hartmann, wenn wir auch nur bei den Philosophen stehen bleiben, einen unmoralischen Denker, etwa Baco ausgenommen, uns nachweisen? Die Prädicate Sittlich und Unsittlich seien erst Schöpfungen des Bewusstseins und können dem Unbewussten an sich niemals zukommen: sie seien also nicht Eigenschaften der Wesen und ihrer Handlungen, sondern nur Urtheile über dieselben; und erst mit diesem bewussten Urtheil soll die Verantwortlichkeit beginnen (S. 207—208). Natürlich ist unserem Verfasser dann auch der Entstehungsprocess des ästhetischen Urtheils etwas jenseits des Bewusstseins Liegendes, und erst das Resultat, die Lust, trete als Empfindung in's Bewusstsein (S. 211—212). Namentlich eigne dem Genie in der künstlerischen Production der göttliche Wahnsinn Plato's, der belebende Hauch des Unbewussten, der dem Bewusstsein als höhere unerklärliche Eingebung erscheine (S. 216—217). Die Sprache sei ferner kein Erzeugniss bewusster scharfsinniger Ueberlegung. Nur der Masseninstinct könne sie geschaffen haben; und wegen ihrer Aehnlichkeit bei allen Völkern sei sie nur aus einem gemeinsamen Sprachbildungsinstinct der Menschheit erklärlich (S. 230—231). Können wir auch dies noch zugeben, so wird der Verfasser damit nur immer kühner. Denn da die Sprache die Bedingung des Denkens, so entwickelt er in einem langen Capitel: „Das Unbewusste im Denken". Auch das Finden von Begriffen, als dem Gemeinsamen vieler Einzelvorstellungen, soll ein sich im Unbewussten vollziehender Process sein; nur sein Resultat falle wieder instinctiv in's Bewusstsein (S. 235—239). Auf diese Weise lässt sich aber Alles auf's Unbewusste zurückführen. Und es ist auch ganz richtig, dass alles Grosse, alles Neue zuerst als Ansich, als ein dunkeles Gefühl auftrat, bevor es zur vollen Klarheit des Bewusstseins gelangte. Der Irrthum des Herrn v. Hartmann besteht nur darin, den Anfang für die Quelle anzusehen, da vielmehr das Ansich, das Gefühl die vorausgesetzte Bedingung ist, aus welcher das darin wirkende Wissen nur mit sich selbst zusammengeht, nachdem es die unvollkommene Hülle, in welcher es zuerst auftrat, mit Bewusstsein zerbrochen hat.

Einen Hauptsitz des Unbewussten sieht unser Verfasser noch in der Mystik; — ein Wort, das er in einem umfassenderen Sinne, als gewöhnlich, nimmt. Er will sie nicht auf die Religion beschränken, sondern dehnt sie auf viele Gebiete aus (S. 276). Nicht der Inhalt sei das specifisch-mystische, sondern die Art und Weise, wie dieser Inhalt zum Bewusstsein komme. Als diese Art und Weise spricht er dann das innere Licht, einen Glauben, ein unmittelbares Wissen aus: „Und wir haben somit das Wesen des Mystischen begriffen als Erfüllung des Bewusstseins mit einem Inhalte (Gefühl, Gedanke, Begehrung) durch unwillkürliches Auftauchen desselben aus dem Unbewussten" (278—281). Hier war der Punkt, wo der Verfasser hätte zum Bewusstsein über sein Unbewusstes gelangen können: um so mehr, als er die Philosophie „das Suchen des Beweises für die mystischen Resultate" nennt (S. 288). Er hätte dann erkannt, dass das Unbewusste blos eine unvollkommene Form des Inhalts der Wahrheit sei, der sich aus derselben herausringt. Und wenn er Spinoza als „die Blume des philosophischen Mysticismus" preist, so lebt und webt doch gerade der Inhalt dieser Philosophie im klarsten Spiegel des Bewusstseins. Aber freilich, ungeachtet des blossen Scheins eines mathematischen Beweises, hat Spinoza, wie alle grossen Erfinder, seinen genialen Wurf aus der Unmittelbarkeit des Geistes heraus gethan.

„Das Unbewusste in der Geschichte" zu beweisen, hat sodann der Verfasser allerdings leichtes Spiel: wie in der Natur, so herrsche auch in der Geschichte Zweckmässigkeit. Selbst wenn wir aber auch die Freiheit des einzelnen Willensacts im Menschen unbedingt zugäben, da sie doch ein blosser Schein sei, so könne dennoch der planvolle Entwickelungsgang der Geschichte nimmer ein Resultat der Freiheit der Individuen sein, weil das Bewusstsein dieser Entwickelung nicht in dieselben falle, sondern ihre selbstsüchtigen Absichten unbewusst zum Wohl des Ganzen ausschlagen. Wenn der Verfasser aber hinzusetzt: „Allerdings nähern wir uns seit dem letzten Jahrhundert jenem idealen Zustande, wo das Menschengeschlecht seine Geschichte mit Bewusstsein macht" (S. 290—291); so giebt er damit selbst zu, dass die Menschheit die Kinderschuhe des Unbewussten endlich ausgezogen habe, also sehr Unrecht daran thäte, sich in die ausgetretenen Bahnen wieder zurückzwängen zu lassen. Und wir verdenken es Herrn v. Hartmann sehr, dass er, wie er versichert, seine Gedanken darum in diesem Werke zu Papier brachte, weil er die Menschheit vor ein vorzeitiges Greisenalter warnen wolle, in welches sie unfehlbar treten würde, wenn sie durch das Hervorheben der Vorzüge der bewussten Vernunft den schon halb versiegten Quell alles Wahren und Schönen im Unbewussten vollends eintrocknen liesse (S. 315)!

3. Das Verhältniss des Bewussten zum Unbewussten, und der Grund, warum das leidige Bewusstsein sich in die ungetrübte Harmonie des Unbewussten eingedrängt habe, führt uns nun auf den letzten Punkt unseres Berichts, wie sich der Verfasser den Endzweck der Welt und ihren Process denkt.

a) Ehe wir aber an die Entwickelung eines Weltzwecks gehen können, muss zuerst die Art und Weise der Entstehung der Welt angegeben werden. Und um diese aus dem Unbewussten zu construiren, stürzt sich unser Verfasser, trotz aller Aufklärung, die ihm seine Naturwissenschaften doch hätten gewähren sollen, in eine solche Fluth trüber Böhmisch-Neoschellingscher Mystik, dass ich mich nicht enthalten kann, dieselbe dem Leser als ein Curiosum vorzuführen. Wegen der überall in der Welt herrschenden Zweckmässigkeit müssen wir, wie Leibnitz, das Vertrauen haben, dass das allwissende Unbewusste, das nie unangemessene Mittel zu nachweislich vorhandenen Zwecken anwende, die bestmögliche Welt ausgeführt habe (S. 523—526). Freilich, da alles weltliche Dasein mehr Unlust, als Lust mit sich bringe, so wäre das Nichtsein der Welt ihrem Sein vorzuziehen. Deshalb habe die Existenz der Welt einem thörichten, unvernünftigen Acte ihre Entstehung zu verdanken. Dies werde nur dadurch möglich, dass wir zwei Thätigkeiten im Unbewussten kennen, von denen die Eine, der Wille, eben die an sich unlogische, unvernünftige sei. Da nun die reale Existenz dem Willen ihre Entstehung verdanke, woran die Vernunft des Schöpfers keinen Antheil habe, so wäre zu bewundern, wenn sie als solche nicht unvernünftig wäre. Daraus folge aber nicht, dass von allen möglichen Welten die bestehende nicht die beste sei, indem das Unbewusste den ohne sein Zuthun gesetzten Anfang auf die bestmögliche Weise fortführte (S. 626—627, 530—531).

Vor Entstehung der Welt und ihres Processes sei weder Wollen noch Vorstellen, also Nichts gewesen; aber Ziel der Entwickelung sei wiederum die Umwandlung des Wollens in's Nichtwollen (S. 607, 636). Woher kommt nun die Mitte, die Welt und ihr Process mit seinem Anfang und seinem Ende (S. 637)? Das ist die grosse Frage, die Herr v. Hartmann sich aufwirft. Und hier greift er eben in seiner Verzweiflung nach dem Böhmischen: „Kein Ding ohne Widerwärtigkeit": nach Schellings Satze dass zum Erscheinen des Absoluten gehöre, den Schein einer Abhängigkeit von etwas Anderem, etwas Fremdartigem zu haben (S. 351). Nun hatte Herr v. Hartmann sich zwar in seinem Unbewussten schon einen Gegensatz, Vorstellung und Wille, zurecht gelegt. Und man sieht eigentlich gar nicht ein, warum es nicht bei der „wahren Einheit von Wille und Vorstellung," als „Ueberseiendem" oder „unvordenklichem Sein," wie Schelling sage, kurz als „Vorseiendem" im Unbewussten habe bewenden können. Dann hätte die leere Form des unbewussten Wollens harmlos ihren Inhalt an dem mit ihm verbundenen unbewussten Vorstellen aus dem Unbewussten selbst erhalten, hätte nichts, als die Verwirklichung dieses Inhalts gewollt (S. 329, 667, 660, 652). Alles wäre dann in Ruhe und Harmonie beim Alten geblieben; der Instinct hätte unumschränkt geherrscht, ohne Gehirnwillen und bewusste Vorstellung. Aber das wäre wohl die höchste Langweile gewesen, vielleicht um nichts besser, als das vorhin angedeutete Nichts vor und nach der Welt; sondern vielmehr ganz dasselbe. So musste denn Wille und Vorstellung in Opposition treten. Aber die Nothwendigkeit hiervon — also die Nothwendigkeit des Sündenfalls — hat Herr v. Hartmann zu entwickeln unterlassen. Wenigstens habe ich diesen Beweis nirgends bei ihm finden können. Es ist nur so; man weiss nicht, warum. Es sei denn, dass nur so das Wollen im Unbewussten wirkliches Wollen werde. Und hat dies der Verfasser gemeint, so wollen wir es ihm passiren lassen.

Was ich bei Herrn v. Hartmann zur Motivirung dieses Vorgangs habe entdecken können, ist etwa Folgendes, und es liest sich wie ein Roman des Absoluten: die einzige Thätigkeit des Unbewussten bestehe im Wollen (S. 331). Der Wille sei das Uebersetzen des Idealen in's Reale (S. 424). Der Wille sei es, der der ganzen Welt und jedem einzelnen Dinge sein Dass verleiht; die Idee könne ihm nur das Was bestimmen (S. 633, 653). Die Vorstellung habe also in sich selber kein Interesse an ihrer Existenz; sie werde, so lange es kein Bewusstsein gebe, immer nur durch den Willen hervorgerufen, dessen Inhalt sie bilde. Da greife plötzlich die organisirte Materie (soll dies das staunende Menschenhirn sein, aus dem nach Schiller der erhabene Fremdling, der Gedanke, springt?) in diesen Frieden mit sich selber ein, und schaffe eine Vorstellung, die dem erstaunten Geiste wie vom Himmel falle, denn er finde in sich keinen Willen zu dieser Vorstellung. Zum ersten Male sei ihm der Inhalt der Anschauung von Aussen gegeben. Die grosse Revolution sei geschehen, die Vorstellung von dem Willen losgerissen, um, als selbstständige Macht, ihn sich zu unterwerfen. Dieses Stutzen des Willens über die Auflehnung gegen seine bisher anerkannte Hrerschaft, dieses Aufsehen, das der Eindringling von Vorstellung im Unbewussten mache, dies sei das Bewusstsein, welches aus einer Opposition verschiedener Momente im Unbewussten entstehe. Dieses Stutzen könne nicht von dem Willen allein ausgehen, denn er sei ja das absolut Dumme; es gehe also nur von dem ganzen Unbewussten aus (S. 349—350). Das ist das Jacob Böhmische Nein, das „Sich-in-sich-hineinimaginiren" des Ichts.

Damit ist der Kampf zwischen dem Bewusstsein und dem Willen, zwischen dem Logischen und dem Unlogischen entbrannt: „Der Wille, der durch die Erhebung aus der lauteren Potenz in das leere Wollen sich in den Stand der Unseligkeit versetzt hat, reisst die Vorstellung oder Idee in den Strudel des Seins und die Qual des

Processes mit hinein" (S. 632, 636, 660). Die Unseligkeit würde perpetuirt werden, wenn nicht die Möglichkeit einer radicalen Erlösung gegeben wäre. Diese Möglichkeit existire in der Emancipation der Vorstellung vom Willen durch das Bewusstsein. Das Wesen des Bewusstseins sei diese Losreissung der Vorstellung vom Willen, auf die es ja dem Unbewussten allein ankomme, und die Opposition des Willens gegen die Vorstellung, während im Unbewussten die Vorstellung nur als Dienerin des Willens auftrete. Der siegreiche Kampf des Bewusstseins gegen den Willen, wie er uns als Resultat des Weltprocesses empirisch vor Augen trete, sei nichts weniger, als etwas Zufälliges, sondern im Bewusstsein begrifflich enthalten, und mit der Entwickelung desselben als nothwendig gesetzt (S. 661, 349, 667, 632). Wer aber beweist uns, wie gesagt, die Nothwendigkeit des Hervortretens des negativen Willens und des Bewusstseins überhaupt? Aller Fortschritt in der Stufenreihe der Wesen und in der Geschichte bestehe in der Erweiterung des Gebiets, wo das Bewusstsein herrsche. Die Erweiterung dieser Herrschaft könne nur durch Befreiung des Bewusstseins von der Herrschaft des Affects und des Interesses, und durch alleinige Unterwerfung unter die bewusste Vernunft erkämpft werden. Diese fortschreitende Emancipation des Intellects vom Willen sei der eigentliche Kernpunkt und nächste Zweck der Erschaffung des Bewusstseins (S. 329). Damit sei es erst möglich, sich von der Macht des Ich zu emancipiren, und sich mit dem Absoluten durch Vernichtung des individuellen Bewusstseins zu identificiren (S. 453, 285).

b. Ist dem Leser klar geworden, wie dieser trübe Mysticismus sich den Ursprung der Welt begreiflich zu machen bemüht ist, so wird ihm zweitens die Welt in ihrem Bestehen vorgeführt, d. h. mit dürren Worten „die Unvernunft des Wollens und das Elend des Daseins" (S. 532) zu Tage gefördert. Es ist mir vorgekommen als ob Hr. v. Hartmann, des Grübelns in unvordenklichen Potenzen müde, in mephistophelischer Manier endlich einmal wieder den Teufel spielen wollte, um sich an dem Schmutz des Lebens im Weltprocess so recht zu weiden. Denn hier entfaltet er in der drastischen Manier Schopenhauers ein solches schauderhaftes Panorama von Unglück, Schmerz und Illusionen in seiner bestmöglichen (nicht bestmöglichsten, wie er immer — z. B. S. 529 — schreibt) Welt, dass der Berichterstatter, ein leidlich sanguinischer Mann, der sich nicht so leicht etwas anfechten lässt, auf ein paar Tage nach Lectüre dieses endlosen Capitels durch die überredende Schreibart des Verfassers gründlich melancholisch geworden ist, und nur durch den Schluss, welcher das Sprichwort: „Ende gut, Alles gut", bewähren zu wollen scheint, sich wieder mit dem Verfasser in etwas wenigstens auszusöhnen vermochte. Ich kann mich nicht enthalten, einige der hervorragenden Züge aus diesem Höllenbreugel'schen Gemälde dem Leser zum Besten zu geben. Dass die Unlust die Lust im Leben bedeutend überwiegt (S. 549), wissen wir schon im Allgemeinen. Speciell wird dies nun in den drei Haupt-Illusionen der Menschheit nachgewiesen: dass das Glück 1) im irdischen Leben erreichbar sei, wie die alte Welt meinte (S. 540); 2) in einem transscendenten Leben nach dem Tode, wie das Christenthum glaubte (S. 600); 3) in der Zukunft des Weltprocesses, wie die Neuzeit hofft (S. 610). Bei wachsender bewusster Intelligenz werden diese Illusionen immer mehr zerstört (S. 538).

α. **Erstes Stadium der Illusion.** Zunächst sei schon die Arbeit ein Uebel für den, der arbeiten müsse. Das Höchste, was der Mensch erreichen könne, sei, den Karren mit leidlich guter Laune ziehen. Die durch Arbeit gesicherte Existenz sei nur ein negatives Gut. Zufriedenheit fordere, als Resignation, nur Schmerzlosigkeit; und da diese nicht absolut erreicht werden könne, so stehe alles Leben noch unter dem Nichtsein (S. 551—553). Auch in der Liebe wird wieder mit vielem Cynismus die Bilanz zu Gunsten der Unlust gezogen: die Schmerzen der Geburt bis zum Kaiserschnitt, die zu Lastern führende unnatürliche Enthaltsamkeit, Eifersucht, Untreue, Verführung, Kindesmord, Prostitution! — „Und das Alles um das Bischen Liebe" (S. 557—559). Und nun vollends die vielen unglücklichen Ehen, diese Enttäuschungen nach dem „ersten Schwimmen im Morgenroth des geöffneten Himmels", dieser Kummer, diese Sorgen um die Kinder u. s. w. (S. 560, 564, 572). Da fordere die Vernunft mit Nothwendigkeit die Ausrottung des Triebes, — durch Verschneidung, wie Matthäus XIX, 12 dies „um des Himmelreichs willen" heische (S. 565). Was die Kränkungen der Ehrliebe betreffe, so seien die Klagen der Beamten über Zurücksetzung, der Künstler und Gelehrten über Unterdrückung durch Neid und Kabale, der Aerger über die unverdiente Bevorzugung Unwürdiger endlos. Dazu komme, dass der Ehrgeiz an sich selbst eitel sei, d. h. auf Illusion beruhe, weil die Meinung Anderer für mich keinen Werth haben könne. Am deutlichsten sei dies beim Nachruhme. Was habe ein Spinoza davon, dass der Studiosus N. ihn einen gescheuten Kopf nenne! (S. 576—579). Selbst in der **religiösen Erbauung** sei mehr Unlust, als Lust, wenn man die Abtödtung des Fleisches, die Entbehrungen der Askese, die Furcht vor der eigenen Unwürdigkeit, die Zweifel an der göttlichen Gnade, die Angst vor dem zukünftigen Gericht, die Qualen über die Last der begangenen Sünden bedenke (S. 580—581). **Wissenschaftlicher und Kunstgenuss** erscheinen zwar endlich als ein freundlicher Sonnenblick in der Nacht des Ringens und Leidens, der uns die höchste positive Befriedigung zu gewähren im Stande sei. Aber auch hier, wie Wenigen werde sie zu Theil, und den Wenigen in wie wenig Augenblicken! Oft seien Kunst und Wissenschaft bunter Flittertand; und jedenfalls bedürfe es der mühevollsten Anstrengungen, um es zu etwas in ihnen zu bringen, so dass hier der Ueberschuss an Lust verschwindend klein sei (S. 584—589). Auch die **Genüsse des Gaumens** möchten vielleicht einen Ueberschuss an Lust gewähren, doch sei auch der Schmerz der Entbehrung bei ihnen um so grösser (S. 592). Selbst im **Traume** verschonen uns die Plackereien, sonstigen Chicanen und Widerwärtigkeiten des wachen Lebens nicht (S. 590). Die **Hoffnung** endlich sei zwar eine ganz reale Lust, werde aber zu oft getäuscht, als dass nicht auch bei ihr die Unlust überwiege; und als Gegenstand der Hoffnung bleibe nur übrig nicht das grösstmögliche Glück, sondern das kleinstmögliche Unglück (S. 594—595). Das Resultat sei, dass die Begabtesten die Unglücklichsten seien, weil sie das Unglück am tiefsten empfinden: das Beste also sei, weil Alles eitel, von Dusel zu Dusel zu leben (S. 598—599).

β. **Im zweiten Stadium der Illusion** sei nun sogar das Suchen der Unlust zur gebieterischen Forderung geworden, indem das Christenthum die Verachtung und den Ueberdruss am irdischen Leben zum Princip mache, nur Sündern, Verworfenen, Unterdrückten, Armen, Kranken und Leidenden die frohe Botschaft bringe, geschlechtliche Enthaltsamkeit lehre u. s. w. Kurz, nur wer im irdischen Jammerthal sein Kreuz geduldig trage, habe Anspruch auf die transscendente Glückseligkeit des zukünftigen Lebens im Jenseits. Von dieser Hoffnung lebe die christliche Welt grossentheils. Auch diese Hoffnung beruhe aber auf Illusion; die individuelle Fortdauer, welche sich an den menschlichen Egoismus wende, sei unmöglich, weil die Individualität selbst nur ein Schein sei, der mit dem Tode verschwinde. Damit stimmen auch fast alle grossen Systeme der Philosophie überein. Wenn mit dem Aufhören der Welt wieder Nichts sein werde, wie vor ihrer Entstehung, so sei damit der Hauptnerv der christlichen Verheissungen durchschnitten. Erst nachdem diese Illusion des Christenthums zerstört sei, könne man das Glück nicht mehr jenseits, sondern in der Zukunft des Weltprocesses selber suchen. Damit sei im Protestantismus die Liebe zur Welt wieder erwacht (S. 600—609).

γ. Das dritte Stadium der Illusion werde gebildet durch die Hoffnung des Individuums auf die Zukunft des Weltprocesses, und durch das Mitwirken desselben daran; das vom Individuum in der Hingabe an's Ganze gebrachte Opfer des Lebens finde dann seinen Lohn im erhöhten Glücke des Weltwesens, das ja eben in jedem lebe. Aber auch hier gelte ganz allgemein der Satz, dass die Unlust der Nichtbefriedigung immer und in vollem Maasse, die Lust der Befriedigung aber nur unter günstigen Umständen und mit erheblichen Abzügen empfunden werde. Mit steigender Bildung des Volkes wachse erfahrungsmässig seine Unzufriedenheit. Die Frömmigkeit, welche wohl positives Glück gewähren könnte, sei nunmehr ein überwundener Standpunkt. Der Grundcharakter der wissenschaftlichen Arbeit werde in Zukunft nicht Vertiefung, sondern Verbreiterung sein. Genie's werden immer weniger Bedürfniss; die Wissenschaft steuere auf eine Nivellirung zur gediegenen Mittelmässigkeit hin, und die Welt werde mehr und mehr auf receptiv wissenschaftlichen Genuss beschränkt. Die Kunst sei dann nur noch ein Opiat gegen die Langeweile, oder eine Erheiterung nach dem Ernst der Geschäfte (S. 615—618). Nur durch Schmerzen gehe der Weg zur Erlösung; der Process sei nicht um des Processes willen, sondern um des hinter dem Processe liegenden Zieles willen da. Die Fortschritte der Technik vermehren nicht das menschliche Glück, denn mit der dadurch vermehrten Bevölkerung steige auch das Elend. Ebenso wenig helfe der erreichte vollkommenste Staat, da er nur eine leere Form. Die vermehrten Mittel vermehren nichts weiter, als die Wünsche und Bedürfnisse, folglich die Unzufriedenheit. Das Leiden der Menschheit und das Bewusstsein ihres Elends wachse bis in's Unerträgliche. Im Greisenalter werde die Menschheit im vorgefühlten Frieden des Nichtseins die Leiden des Seins gleichsam nur noch als fremde fühlen. Das höchste Erreichbare wäre die Schmerzlosigkeit. Aber auch sie werde nicht erreicht sondern das einzige denkbare Ende des dritten Stadiums sei nur die Sehnsucht der Menschheit nach der Vernichtung, da alles Wollen thöricht und unvernünftig (S. 620—627).

 c. Obgleich dem Leser aus der Philosophie Trost und Hoffnung zu schöpfen nicht vergönnt sein soll (S. 626), so scheint mir dennoch unser Verfasser, vom philosophischen Gewissen gepeinigt, im vorletzten Capitel des Buchs (S. 628—643): „**Das Ziel des Weltprocesses und die Bedeutung des Bewusstseins. Uebergang zur praktischen Philosophie,**" für jene Wunde, die er schlägt, nunmehr auch die heilende Salbe der Philosophie zur Anwendung gebracht zu haben. Der im Verlaufe des Processes mit Sicherheit sich ergebende Fortschritt sei die stufenweise sich steigernde Entwickelung der bewussten Intelligenz. Selbstzweck könne aber das Bewusstsein gewiss nicht sein, sondern nur Mittel. Der **Zweck sei die Glückseligkeit**; das Streben darnach bilde das Wesen des Befriedigung suchenden Willens. Je mehr sich nun aber die Intelligenz vom unvernünftigen Willen emancipire, desto mehr durchschaue sie alle Illusionen, bis nur die Erkenntniss übrig bleibe, dass jedes Wollen zur Unseligkeit, und nur die Entsagung zu dem besten erreichbaren Zustand, der Schmerzlosigkeit, führe. Das Unbewusste habe das Bewusstsein eben nur desshalb geschaffen, um den Willen von der Unseligkeit seines Wollens durch Bekämpfung und Vernichtung desselben zu erlösen. Der Endzweck des Weltprocesses sei der, den grösstmöglichen erreichbaren Glückseligkeitszustand, nämlich den der Schmerzlosigkeit, zu verwirklichen (S. 629—633). Was also nichts Anderes heisst, als: zum Princip der praktischen Philosophie den nach Seneca's Auslegung klar und rein ausgesprochenen Epicuräismus zu setzen. Während das widervernünftige Wollen Schuld am „Dass" der Welt sei, müsse die Vernunft, als das „Was und Wie" der Welt bestimmend, wieder gut machen, was der unvernünftige Wille schlecht gemacht habe. Die schliessliche Erlösung vom Elend des Wollens und Daseins zur Schmerzlosigkeit des Nichtwollens und Nichtseins habe Schopenhauer im freiwilligen Verhungern finden wollen. Dieses Streben nach individueller Willensverneinung sei thöricht und nutzlos, weil es nur die Aufhebung dieser Erscheinung sei, ohne das Wesen zu alteriren. Die Erlösung müsse aber als ein Act des alleinigen Unbewussten gedacht werden, der das Ende des Weltprocesses bilde, als der jüngste Augenblick, nach welchem kein Wollen, keine Thätigkeit, keine Zeit mehr sein werde. Vielleicht werde dieser jüngste Tag erst von einer höhern Thiergattung, als die Menschheit, auf einem anderen Gestirn unter günstigeren Bedingungen erreicht werden. Die Basis der praktischen Philosophie sei aber jedenfalls ein positiver Standpunkt, und das sei die volle Hingabe der Persönlichkeit an den Weltprocess; die Zwecke des Unbewussten müssen zu Zwecken unseres Bewusstseins werden. Das sei die Bejahung des Willens zum Leben, die volle Versöhnung mit dem Leben. Die Art und Weise dieses Zieles sei nicht so ganz undenkbar, als es Manchem auf den ersten Blick wohl scheinen möchte. Zum Gelingen des Werkes müsse wenigstens die grössere Hälfte des in der ganzen Welt thätigen Geistes jene tiefe Sehnsucht nach der Vernichtung des Wollens und Daseins widerstandslos zum praktischen Motiv gemacht haben. Ferner müsse durch erleichterte Communicationsmittel ein gleichzeitiger gemeinsamer Entschluss ermöglicht werden. Nunmehr könne die Majorität des in der Welt thätigen Geistes den Beschluss fassen, das Wollen aufzuheben. Es frage sich nur, ob dieser Beschluss den gewünschten Erfolg habe. Nicht aber durch directen Einfluss der Vernunft auf das aufzuhebende Begehren könne dieser Erfolg erreicht werden, sondern nur indirect durch Erregung eines entgegengesetzt gerichteten Begehrens, welches mit dem ersten in Collision komme; so dass sich Beide zu Null paralysiren. Es bedürfe der möglichsten Bewusstseinsentwickelung, damit der Oppositionswille die gleiche Stärke mit dem aufzuhebenden Weltwillen erreiche; so dass dieser aus seiner totalen Vernichtung sich nicht wieder erneuern könne (Seite 634—643).

Wie viel schöner fasst Aristoteles den Endzweck der Glückseligkeit, nämlich: als die Energie der Seele der Tugend gemäss in einem vollendeten Leben! Auch ihm ist die Lust letzter Zweck; aber, da es so viele Lüste als Thätigkeiten gebe, nur diejenige Lust, welche die edelste Thätigkeit begleite; denn die Lust sei nur die vollendende Krone jeder Thätigkeit. Es gehört die ganze Verschrobenheit und Blasirtheit unserer Zeit, das Verzweifeln an der Kraft der Idee dazu, um diese blos noch zur Ertödtung des Handelns für geeignet zu halten. Wenn Hr. v. Hartmann nun aber auch noch so sehr gegen den Quietismus Schopenhauers eifert (S. 641), so ist sein sogar durch die höchste Entfaltung des Denkens herbeigeführter Nihilismus noch um Vieles trauriger. Auch hilft es ihm nichts, im Schlusscapitel, wo er gewissermaassen vor diesem entsetzlichen Resultate erbebt, noch vom Standpunkt der Philosophie des Unbewussten eine metaphysische Erkenntniss ermöglichen zu wollen, die er in der Identität des Idealen und Realen dem Inhalt nach erblickt (S. 673—675). Denn wenn der Zwiespalt des Bewusstseins aufhört, hört ja auch die ihn lösende Harmonie der Erkenntniss auf.

Die Schreibart unseres Verfassers habe ich schon lobend erwähnt, und ausser einigen Incorrectheiten ist mir nichts Bemerkenswerthes aufgefallen. Abgesehen von der schon gerügten „bestmöglichsten" Welt, wozu auch noch öfter das „kleinst- und grösstmöglichste" (z. B. S. 595) hinzukommt, ist unser Verfasser hin und wieder auch mit den Partikeln als und wie über den Fuss gespannt (z. B. S. 551), da jenes comparativisch, dieses gleichsetzend ist. So schreibt er auf der angeführten Seite 595 auch: „Der Instinct bringe eher mehr als weniger Unlust, wie Lust". Was den Unsinn ergiebt, dass der Instinct mehr Unlust und mehr Lust habe, als weniger: d. h. sowohl mehr Unlust, als Lust, und zugleich mehr Lust, als Unlust; während der Sinn offenbar ist: der Instinct bringt eher mehr Unlust als Lust, denn weniger Unlust als Lust.

Herr v. Hartmann wird die Säulen des Hercules, worauf der Bau der Hegelschen Philosophie ruht, nicht mit seinem blinden Unbewussten — wie der blinde Simson es allerdings mit dem Palast der Philister that — umzustürzen im Stande sein; er hat mit seinem schwankenden Fahrzeug nicht einmal bis an jenes Bauwerk heranrudern können. Doch verdient sein Buch immer die höchste Anerkennung. Von dem blos negativen Verhalten gegen die dialektische Methode ist er zum positiven Versuch des Bessermachenwollens hindurchgedrungen. Und es ist wohl zu hoffen, dass nach diesen zwei zurückgelegten Stadien, wenn sie ihm zu Illusionen geworden sein sollten, er noch in ein drittes eintrete, wo die volle Hingabe der Persönlichkeit an den Weltprocess nicht blos zur leeren Versicherung eines positiven Standpunkts sich aufspreize, sondern wirklich den vernünftigen Inhalt des Wollens und Denkens sich zum Lebenszwecke mache.

Dr. Friedrich Harms. Abhandlungen zur systematischen Philosophie.

Was soll man, dem so eben beurtheilten geistreichen Autodidakten gegenüber, von dem Soldatenglück eines ordinären Fachmanns sagen, der aus dem dunkeln Winkel einer kleinen Universitätsstadt plötzlich an den Sonnenglanz der Metropole der Wissenschaften berufen worden, um dort Hegels Lehrstuhl einzunehmen? Das vorliegende Buch ist wohl aus dem Bedürfniss hervorgegangen, wenigstens nachträglich die Wahl seiner Fachgenossen zu rechtfertigen. Ob dasselbe von sich das Horazische: *hic meret aera liber Sosiis*, wird rühmen können, weiss ich nicht. Aber es scheint jetzt die ganze — freilich nicht „gediegene" (s. oben, S. 101.) — Mittelmässigkeit, die sich darin offenbart, dazu zu gehören, eine solche unverdiente Anerkennung zu erhalten.

Ausser drei neu erschienenen Abhandlungen, die der Verfasser in einem wissenschaftlichen Verein zu Kiel vorgetragen hat, sind die übrigen aus Zeitschriften schon bekannt, — oder auch nicht (S. XI).

Die Vorrede geht von dem abgedroschenen herbartisirenden Satze aus: „Die Philosophie soll den Begriff der Wissenschaften erklären;" und es scheint, als ob der Verfasser in ihr eine Art von Verbindung der Sinneserkenntniss mit dem Denken annehme (S. VI—VII). Es schwirrt einem wie Wolfische Metaphysik um die Ohren, wenn man von drei Realprincipien des Erkennens: Materie, Seele, Gott (S. VII—IX), von Ontologie (S. 149, 205) u. s. w. hört. Die Abhandlung: „Ueber den Staat," welche den Reigen eröffnet, besteht aus trüben Reminiscenzen älterer und neuerer Naturrechtslehrer, Politiker und Philosophen. Man trifft auf Schleiermachers organisirende und symbolisirende Thätigkeit (S. 15), erfährt von staatenbildenden Völkern und volkbildenden Staaten (S. 17), und dass, wenn man in einer Universalmonarchie zur Einheit des Menschengeschlechts kommen wolle, Gott selber das „Staatshaupt" sein müsse (S. 18). Gegen Plato und Hegel wird in der crudesten Weise polemisirt, weil sie den Staat selbst als das vollständige Reich der Sittlichkeit fassen. Das sei eine Tyrannei der Sittlichkeit; der Staat müsse den sittlichen Willen auch ausser und neben sich respectiren. Und indem gefordert wird, dass er sich selbst unter diese höhere sittliche Ordnung stellen müsse (S. 19), so kann damit doch nur die Religion gemeint sein (S. 26—27), obgleich der Verfasser (S. 5) selbst den mittelaltrigen Gegensatz von Staat und Kirche zu missbilligen schien. Dass Macht und Freiheit mit den Gegensätzen Einheit und Verschiedenheit, Staat und Volk parallelisirt werden (S. 31), ist doch eine höchst oberflächliche Zusammenstellung. Denn der Staat, d. h. das organisch gegliederte Volk, ist doch die in die universelle Freiheit zusammengefasste Freiheit der Einzelnen. In der Macht des Staats ist die individuelle Freiheit so wenig untergegangen oder ihr entgegengesetzt, dass die Staatsmacht vielmehr nur die höchste Blüthe der Freiheit des Einzelnen ist. Was den „Ursprung des Staats" betrifft (S. 32), so sei die Vertragstheorie zwar eine unzureichende Analogie, enthalte aber doch ein Element der Wahrheit, weil sie den Staat auf den freien Willen der Gesammtheit gründe, während die Theorie der Usurpation das Recht des Stärkern behaupte. Die Wahrheit soll dann in der Verknüpfung beider Seiten, d. h. der Freiheit und der Macht, der Verschiedenheit und der Gleichheit, des Volks und der Obrigkeit, der privaten und der öffentlichen Angelegenheiten enthalten sein. Wenn diese Gegensätze sich gleichmässig durchdringen, entstehe die Demokratie: wenn die Einheit derselben nur im Bewusstsein Eines Standes liege, die Aristokratie; wenn sich endlich dies Bewusstsein der Einheit in einem Einzelnen concentrire, und in allen Uebrigen nur im abgeschwächten Grade vorhanden sei, constituire sich der Staat als Monarchie (S. 36—39). Die Demokratie ruhe auf Gleichheit und der Unterschied von Obrigkeit und Unterthan sei nur functionell, indem jedes Mitglied des Staats beziehungsweise Beides sei; aber sie sei ein unerreichtes Ideal, weil der Egoismus oft stärker sei, als der Patriotismus, und so die Parteiherrschaft erzeuge. In der Demokratie herrsche die Mehrheit, in der Aristokratie die Minderheit. Zu der Parteienherrschaft innerhalb des bevorzugten Standes komme in der Aristokratie noch die Herrschaft desselben über das Volk; sie sei der Zwiespalt des staatlichen Menschen in eine vollkommene und in eine schlechte Verwirklichung seiner Idee. In der Monarchie sei der Gegensatz von Obrigkeit und Unterthan ein persönlicher; wodurch die Regierung eine Macht gewinne, welche ungerechte Parteienherrschaft verhüten könne. Weil für den Staat nicht die Freiheit, sondern die Macht das Erste sei, so sei die Monarchie mehr Staat, als die anderen Formen. Die Republik begründe keine Macht (S. 45—49). Auch nicht die Nordamerikanischen Freistaaten? Halbe Wahrheiten, triviale Richtigkeiten und Unrichtigkeiten, — das ist es, wozu Herr Harms sich in seiner Staatsweisheit, an der sich weiter kein Inhalt zeigt, allein zu versteigen vermag. Dass die Monarchie „eine Minorität gegen den Uebermuth einer Majorität" — auch gegen deren berechtigte Ansprüche — „schützen kann," davon haben viele Völker Europa's leider die bittere Erfahrung gemacht. Es fällt dem Verfasser nicht einmal das Wort: „constitutionelle Monarchie" bei, um welchen Begriff sich doch seit lange in Europa alle Bestrebungen der politischen Menschheit drehen; er pflückt blos ein Hühnchen gegen „den Punkt auf das *i*" (s. oben, S. 48).

Soll ich nun alle einzelnen Abhandlungen, die die Prätension haben, sich zu einer „systematischen Philosophie" aufzuspreizen, so analysiren, wie jene erste? Ich könnte sagen: *ex uno disce omnes*, will indessen noch eine kleine Blumenlese aus ihnen zusammenpflücken. In der Abhandlung: „Freiheit und Nothwendigkeit," die „auf dem Uebergang von der Metaphysik zur Ethik" liege (S. X), wird der freie Wille auf eigenthümliche Art bewiesen. Der Beweis ist apagogisch. Zur Unfreiheit des Willens gehöre Beides: einerseits der Satz, dass Alles durch äussere Ursachen bedingt sei; andererseits der, dass alle Vorstellungen aus den Sinnen entspringen. Nun schliessen sich beide Sätze schlechthin aus, weil die Causalität nicht den Sinnen entstamme. (Woher beweist das Herr Harms? Kant behauptet es, Locke leugnet es.) Also gelte nur der eine, oder der andere Satz: und in beiden Fällen gebe es einen freien Willen, weil der Sensualismus keine Nothwendigkeit, nur Zufälligkeit kenne, mithin die Nothwendigkeit alles Geschehens nicht behaupten könne; gebe es aber bei der Annahme des Causalitätsgesetzes Vorstellungen *a priori*, so liege darin auch die Unabhängigkeit des Willens von der sinnlichen Vorstellung (S. 57—58). Aus der Apriorität und Allgemeinheit des Causalitätsverhältnisses entwickelt nun gerade Kant in seiner Antinomik mit mehr Recht die Unmöglichkeit der Freiheit. Herr Harms aber meint, nur die Wirkung sei nothwendig, die setzende Ursache frei: d. h. er begeht eine *petitio principii*. Statt der unendlichen Reihe endlicher Ursachen, die allein empirisch gegeben sind, setzt er eine erste freie Ursache voraus; was erst zu beweisen gewesen wäre. Doch ich ermüde den Leser, solche Argumentationen ernsthaft widerlegen zu wollen. Aus Herrn Harms' Satze würde freilich folgen, und er zieht auch die Folgerung in der That: es gebe „keine unbedingte, sondern nur eine bedingte Nothwendigkeit". Wie kann er dann aber noch von einer innern, selbst essentiellen Nothwendigkeit, der äusseren gegenüber, sprechen? (S. 54). Wie „der Denker nothwendig zu einer ersten Ursache" gelange (S. 60), hat der Verfasser zu beweisen, vollständig vergessen. Der paradoxe Satz, dass, wenn Alles nothwendig (blindes Schicksal), nichts nothwendig (d. h. Alles Zufall) sei (S. 59), hat eine tiefere Bedeutung, als der Verfasser ahnt, weil in der That wenn Alles äussere Nothwendigkeit wäre, jede Ursache für ihre Wirkung Zufall bliebe. Das empirische Argument von der Freiheit, weil die Menschen unter denselben Umständen aus eigener Ursächlichkeit verschieden handeln (S. 62), ist aus einem doppelten Grunde gänzlich lahm, weil erstens immer verschiedene Umstände auf jeden Menschen wirken, und zweitens die Verschiedenheit seiner eigenen Causalität selbst durch äussere Ursachen, wie Geburt, Erziehung, Beispiel u. s. w., bewirkt sein kann.

Dann kommt der Verfasser auf den Determinismus, den er darin erblickt, dass die Freiheit nur innere Nothwendigkeit sei; wirft diese Lehre mit der Sokratisch-Platonischen, dass die Tugend Erkenntniss sei, sowie mit Spinoza's adäquaten Begriffen zusammen, und behauptet, dass nach ihr der Wille nothwendig dem Verstande folge. Dann sei die Freiheit nur „eine Einbildung, die der objectiven Wahrheit entbehrt" (S. 64—68). Die Freiheit will der Verfasser aber dadurch retten, dass der Wille nicht blos von der Erkenntniss abhange, sondern bei jedem Fortschritt des Geistes der im Bewusstsein enthaltene Zweck selbst aus dem Willen stamme (S. 70—74). Die Frage nach der Natur des Willens, die Frage, was das Wesen der Freiheit sei, ist dabei umgangen, und doch die Hauptsache. Mit Recht sieht Herr Harms die Lehre, wonach das Leben des Menschen eine Folge seines Wesens oder angeborenen Charakters sei, nicht als Freiheit an, weil diesen Charakter sich das Individuum nicht selbst gegeben habe; und er nennt dies sehr uneigentlich „essentielle Nothwendigkeit" (S. 79). Wenn er, um die Freiheit zu retten, Dem entgegenhält: „Der Charakter ist eine Folge der sittlichen Bildung, des Lebens nach dem Endzweck" (S. 80), so ist wieder die Hauptsache, die Frage nach dem Ursprung dieses Endzwecks übersehen; es ist nicht angegeben, wie so derselbe aus der Freiheit fliesst. Kurz, ich vermisse den durchschlagenden Gedanken, der allein Freiheit und die wahre innere Nothwendigkeit ausgleicht, und sie der Willkür oder der äusseren Nothwendigkeit entgegensetzt, — nämlich den, dass, wer der Zufälligkeit seines angeborenen Charakters folgt, und die individuellen Bestrebungen dem Endzweck der Menschheit vorzieht, willkürlich und nicht frei, sondern äusserlich nothwendig handelt, weil er äusseren Antrieben folgt: wer dagegen diesen Endzweck als das Ziel seines Lebens ergreift, handelt mit Willkür frei, weil er nur sein eigenes Wesen vollzieht; und das ist die wahre essentielle Nothwendigkeit, die eins mit der wahren Freiheit ist.

Die drei folgenden Abhandlungen: „Ueber die Aufgabe und die Bedingungen einer Philosophie der Geschichte;" „Das Problem der Philosophie;" „Die inductive Methode," — „kann man zur Logik rechnen, da sie den Begriff der Wissenschaften und die Methoden des Erkennens untersuchen" (S. VI—VII). Wir erfahren hier, dass „seit Fichte die moderne Philosophie überhaupt nichts Anderes, als Philosophie der Geschichte" sei, — weil sie die Methoden der Erfahrung und der Speculation verknüpfe, Thatsachen aus der Vernunft construiren wolle (S. 90). Welches Verbrechen! Und der Verfasser begeht es noch dazu S. 154 selber, wenn er sagt: „Die Bildung der Erkenntniss beruht auf der Induction und der Speculation". Dabei bemerkt er hochweise: der Gegenstand der Erfahrung sei nicht das Product eines bewusstlosen sogenannten objectiven Denkens (S. 101). Im Gegensatz hierzu soll das Problem der Philosophie darin bestehen, die Grundbegriffe des Erkennens *a priori* aus der Vernunft zu finden; doch bedürfe die Philosophie zu ihrer Ausbildung der Erfahrungswissenschaften als Erkenntnissmittel (S. 130—131, 136). Was denn doch auch nichts Anderes, als eine Verbindung beider Methoden ist. Nach einer höchst trivialen Erörterung der Eintheilung der Philosophie (S. 140—144), ruft Herr Harms gegen die Identität von Logik und Metaphysik den bereits am Anfang des Jahrhunderts von Krug, Weisse und Consorten gegen Schelling und Hegel ins Treffen geführten sogenannten „gesunden Menschenverstand" um Hilfe an (S. 145—146). So lange hat die Philosophie vor des Verfassers Hörsaal in Kiel Quarantäne gehalten. Doch ist die Universität daran nicht Schuld, da an ihr ein Thaulow glänzt. Von den zu erkennenden Grundbegriffen erfahren wir nur noch soviel, dass es keinen „Urbegriff" gebe (S. 148), dass alle unsere Erkenntniss aber auf die Kräfte der Dinge gehe, welche ursprünglich und unerschöpflich seien (S. 150); wodurch doch mit Herder die Verstandeskategorie der Kraft gewissermaassen zum verpönten Urbegriff gemacht wird. Das ist das Ganze der tiefen Erkenntniss, die uns das „Problem der Philosophie" zu enthüllen weiss. Natürlich, da der Verfasser ja auch behauptet, dass „das System der Philosophie nur eine kleine Summe von Lehrsätzen" enthalte; was nicht hindert, dass die Philosophie „einen grossen Umfang" haben soll (S. 153). Ueber die Methode weiss uns Herr Harms nur den immer wiederkehrenden, sehr dürftigen Aufschluss zu geben, dass sie sowohl Induction als Deduction oder Speculation sein müsse: dass jene Vieles in Eins zusammenfasse, diese das Eine in Vieles unterscheide (S. 163—165); dass die Begriffe nicht selbst aus der Erfahrung stammen, aber in Anlass derselben gebildet werden (S. 156); dass alle Erkenntniss zwei Quellen habe, Empfindung und Gedanke (S. 201) u. s. w.

Nach Darstellung dieser Logik der systematischen Philosophie, sind die vier folgenden Abhandlungen der Metaphysik, als der Wissenschaft der drei Realprincipien, gewidmet (S. VIII—X). In einem metaphysischen Vorpostengefechte polemisirt der Verfasser mit ziemlich geschmacklosem Humor gegen den Satz Hegels, ohne diesen zu nennen, dass die Prädicate die Subjecte regieren, in den Prädicaten das Wesen der Sache enthalten sei. Nach dem Verfasser dagegen sind die Subjecte das selbstständige Sein, ein Ansichbestimmtes; die Prädicate drücken nur etwas Vereinzeltes aus. Die Subjecte sollen eine Allgemeinheit des Gedankens, die Prädicate nur die der Sinne haben. (Auch z. B. in einem kategorischen Urtheil?) Herr Harms will daher beim Substantialitätsverhältniss verbleiben, das Subject zum festen Dinge an sich machen, den Verstandessatz des Widerspruchs oder der Identität als Grundprincip beibehalten, und nichts weder von einfachen dunkeln Qualitäten, noch von absoluten Veränderungen wissen; womit er Herbart und Hegel anzudeuten scheint (S. 184—190, 194—199). Nach ihm sind also die Prädicate das Untergeordnete, die Subjecte die Hauptsache, wie denn auch der Inhalt der Prädicate nur aus der Empfindung, der der Subjecte aus dem Gedanken fliesse (S. 201); was doch sicherlich ein höchst sonderbarer Gegensatz ist.

Die „drei Ansichten über das Wesen der Materie" (S. 209) sind: 1) die idealistische, wonach die sinnlichen Beschaffenheiten der Materie nur Erscheinungen der geistigen Substanzen sind (S. 211); 2) die corpusculare Ansicht, nach welcher das Wesen der Materie die räumliche Ausdehnung (S. 218); 3) die dynamische Ansicht, die das Wesen der Materie als das Bewegliche mit bewegender Kraft setzt (S. 222—223). In jeder Ansicht sei wieder eine doppelte Auffassung möglich, je nachdem die Substanz als Eine oder als viele gefasst wird (S. 210). Nachdem der Verfasser die beiden ersten Ansichten widerlegt hat, als sich widersprechend, entscheidet er sich für die dritte, aber so, dass die Vielheit einfacher Wesen in realer Gemeinschaft und Wechselwirkung mit einander stehe (S. 229). Warum damit die räumliche Ausdehnung der Natur und dass sie Erscheinung des geistigen Seins, ausgeschlossen sei, ist gar nicht abzusehen. Denn sind Kräfte nicht geistiger Natur? und setzen sie nicht, als bewegend, ebenso die Räumlichkeit voraus? Von den Widersprüchen seiner Ausstellungen hat aber der Verfasser keine Ahnung, und bleibt im Dualismus des Geistes und der Materie bis über die Ohren stecken.

Die zwei nächsten Abhandlungen sind Recensionen zweier atomistisch-materialistischer Schriften. Der Verfasser berichtet über die verschiedenen Arten des Atomismus: 1) als blosses Rechnungs- und Versinnlichungsmittel; 2) der naive Atomismus, der Atome und einen leeren Raum, der doch unmöglich sei, als sicher voraussetze; 3) die qualitative Atomistik, die sich theils auf Physik, theils auf Chemie stütze, und von selbst in die dynamische Naturansicht übergehe; 4) die quantitative Atomistik, die sich direct nicht auf Chemie und Physik, sondern auf die Mechanik gründe und allein in sich consequent sei; 5) der halbe oder dualistische Atomismus, welcher eine ursprüngliche und finale Ordnung, sowie die Selbstständigkeit der Geister annehme (S. 231—238, 250). Der Verfasser berichtet sodann über vielfachen in den angezeigten Schriften vorgebrachten Unsinn: dass, während Körperatome sich nur anziehen, Aetheratome sich nur abstossen, Beide gegeneinander sich eben so abstossen sollen (S. 243, 249); dass man Körperatome mit einer Aetherhülle, wie einer Atmosphäre, Dynamiden genannt habe (S. 244) u. s. w. Natürlich kann für den Geist aus solchen Prämissen nur seine Körperlichkeit (S. 264), in der praktischen Philosophie nur der „egoistische Eudämonismus", das Princip des „eignen Wohlgefühls" abgeleitet werden, welches dann, mehr negativ gefasst, zur blossen „Vermeidung des Schmerzes" herabsinkt (S. 272—273). Der damit recensirte Verfasser steht also ungefähr auf dem Hartmann'schen Standpunkt, da aus denselben Vordersätzen auch dieselben Schlüsse gezogen werden müssen. Was die positive Ansicht des Herrn Harms über den Atomismus betrifft, so erfahren wir nichts weiter, als dies: „Recht hat die Atomenlehre nach unserer Meinung darin, dass Materie ohne eine Vielheit des Seienden nicht möglich ist, aber — und darin besteht ihre Einseitigkeit — diese Vielheit braucht nicht atomistisch, als eine an sich oder ursprünglich zusammenhanglose gedacht zu werden (S. 245). Mit anderen Worten, die Atomistik hat Recht, wenn sie aufhört, Atomistik zu sein. Wahrlich! Es braucht kein Geist aus — Kiel zu kommen, um uns dies zu lehren.

Die letzte Abhandlung ist eine von den vielen Säcularreden auf Fichte, welche sich aber dadurch unterscheiden will, dass sie nicht sowohl „die unverkennbaren und allbekannten Einseitigkeiten der Fichte'schen Methode und Weltansicht sich bemüht hervorzuheben", als vielmehr „das Wesen der Fichte'schen Philosophie in ihren positiven Leistungen zu erkennen" strebt (S. VI). Sehen wir zu, was Herr Harms hierin geleistet hat. Fichte habe zuerst als das zu erringende Ziel aufgestellt, dass die Philosophie ein in sich gegründetes und abgeschlossenes System aller Gedanken der Vernunft, — dass sie aus Einem Stücke sei (S. 282). Wenn dann aus Fichte das hervorgegangen sein soll, „was man die absolute Philosophie nennt," so erklärt der Redner vor der versammelten Kieler Universität, dass „unstreitig die Zeit der absoluten Philosophie vorbei" sei (S. 284). Wann wird, möchten wir fragen, „die Säcularfeier von Herrn Harms' relativer Philosophie eintreten? Es ist dann ganz richtig, dass Fichte's Weltansicht eine ethische, die Freiheit des Geistes das Ziel des Erkennens und Handelns sei, indem die Schranken des Bewusstseins und der Natur überwunden und so der Standpunkt Gottes erreicht werde (S. 285—287). Wem seiner Zuhörer mag mit diesem bekannten Satze etwas Neues gesagt worden sein? Noch wird als ein grosses Verdienst Fichte's hervorgehoben, dass er „der einzige unter allen Rechtsphilosophen ist, der die Scheidung des Rechts von der Moral wirklich vollzogen hat" (S. 293). Also Hegel nicht, in dessen Naturrecht diese Gebiete die Glieder des hauptsächlichen Gegensatzes bilden? Als Consequenz dieser Scheidung lobt der Verfasser, dass der Staat nach Fichte „eine Anstalt zur Aufrechthaltung und Feststellung des Rechtes ist" (S. 294). Aber die Seite ist nicht herunter, so ist für Fichte „der Staat nicht blos eine Rechtsanstalt, sondern eine Erziehungsanstalt zur Sittlichkeit". Mit anderen Worten, gerade wie bei Hegel, fasst auch Fichte den Staat als Sittlichkeit in der höheren Einheit von Recht und Moralität.

Wenn der Leser nun aus diesen „Abhandlungen zur systematischen Philosophie" Herrn Harms' System, das System des Inhabers des Hegel'schen Lehrstuhls, herauslesen kann, so ist er glücklicher, als wir. Wir sind der festen Ueberzeugung, von Herrn Harms' System weiss nur Gott und Herr Harms.

Inhalt.

	Seite.
Hegels Bedeutung für die Philosophie, den Staat und die Religion	1
1. Hegels Bedeutung für die Philosophie	1
2. Hegels Bedeutung für den Staat	43
3. Hegels Bedeutung für die Religion	49
Bericht über Kuno Fischers: Antitrendelenburg.	54
1. Trendelenburg und Gabler	58
2. Trendelenburg und Michelet	61
3. Trendelenburg und Kuno Fischer	67
Herrn v. Hartmanns: Versuch einer Weltanschauung in der Philosophie des Unbewussten	84
Wie Dr. Friedrich Harms in den: Abhandlungen der systematischen Philosophie sich auf Hegels Lehrstuhl ausnimmt	105

Druck von Leopold & Bär in Leipzig.